LAMIYA PITUSSI

Sabotiere ich mich selbst?

Wie wir wiederkehrende Problemschleifen auflösen

INHALT

PROLOG

Plötzlich sitze ich in einem Flugzeug, total verunsichert, ängstlich und traumatisiert von dem, was ich in den letzten Tagen erlebt habe. Wo fliegen wir hin? Wie mag es dort wohl sein? Was ist mit meinem Papa und all meinen Freunden? Werde ich sie je wiedersehen? Die dramatischen Szenen der letzten Tage sollten sich für immer in mein Gedächtnis einbrennen.

Da war ich also, fünf Jahre alt, mit meinen zwei jüngeren Geschwistern und meiner jungen Mutter, die entschieden hatte, uns fortan allein zu erziehen und in ein fremdes Land, in dem sie selbst nie zuvor gewesen war, zu fliehen.

Meine Erinnerungen an Details aus dieser Zeit sind blass. Ich schätze, mein Gehirn hat aus Selbstschutz das meiste einfach verdrängt. Aber eins weiß ich noch ganz genau: Ich bezog die Dinge, die geschahen, auf mich, nahm sie persönlich. Das Zurücklassen meiner Heimat, meines Vaters, der Neubeginn an diesem fremden Ort, wo alles so anders war. Hier sollten wir fortan leben. Es war kalt, ich verstand die Menschen nicht und was für mich am offensichtlichsten und einprägsamsten war: Ich war so anders als sie!

Ich weiß noch genau, wie unangenehm sich das für mich als Kind anfühlte und wie ich dachte: »Ich will das nicht!« Als Kind wollte ich auf gar keinen Fall anders sein. Ich wollte einfach ganz normal sein, in der Menge verschwinden, genauso wie alle anderen, die hier lebten. Außerdem wollte ich alles wiedergutmachen, was geschehen war. Ich fühlte mich schuldig, wollte meine vermeintliche Schuld sühnen. Dieser Wille war so stark, dass er mein Leben fortan bestimmen sollte und ich alles nach ihm ausrichtete. Ich würde mich anpassen und diese Anpassung im Laufe der Jahre perfektionieren.

Lamiya, irgendwann wirst du so gut
und sogar besser als die anderen sein und du wirst,
wenn überhaupt, nur noch positiv auffallen!

So nahm alles seinen Lauf. Ich lebte sehr erfolgreich nach den Wünschen, Werten und Zielen der Menschen, die mich umgaben, und nach den Vorstellungen der Gesellschaft. Ich suchte die Antworten auf meine Fragen immer im Außen. Anpassung und das Lob und die Anerkennung, die ich dadurch bekam, waren das Benzin für meinen Selbstwert und ich übte mich sehr erfolgreich darin, es zu bekommen.

Perfektes Deutsch, stets höflich, diplomatisch, eine Musterschülerin, Musterazubine und Musterstudentin. Nach meinem BWL-Studium bekam ich die zu der Zeit einzige freie Stelle bei einem der renommiertesten Beratungsunternehmen der Welt – die Stelle, die alle meine Kommilitonen gern gehabt hätten. Ich begann dort zu arbeiten, verdiente gut und startete meine Karriere. Mein Ziel war es, eines Tages als Pionierin im Vorstand eines solchen Unternehmens zu sitzen. »Ein Musterbeispiel für gelungene Integration«, würde ein Politiker wohl sagen. Ich hatte von außen betrachtet sehr viel erreicht und bekam die Anerkennung, nach der ich die ganze Zeit gestrebt hatte. Nur galt diese nie der Person, die ich wirklich war, sondern dem, was ich durch meine Überanpassung erreicht hatte. Der Unterschied war mir damals nicht klar.

Heute weiß ich, dass ich mich all die Jahre mit meiner Denkweise und meinem Verhalten selbst sabotiert habe. Ich stellte mich und meine Bedürfnisse so weit hintan, dass ich irgendwann überhaupt nicht mehr wusste, wer ich war. Meine Identität und mein Wert, sie hingen von äußeren Faktoren ab, von der Akzeptanz und Anerkennung anderer. Ich fühlte mich fremdgesteuert. Nachdem ich das Ganze Jahrzehnte durchgezogen hatte, fing mein System irgendwann an zu streiken und ich wurde müde und krank. Meine Seele zwang mich dazu, innezuhalten und mich nach all den Jahren erstmals mit der Frage zu beschäftigen, wer ich denn eigentlich tief in meinem Inneren wirklich bin.

Ich hatte keine Antwort auf die Frage,
wer ich wirklich bin, und diese Erkenntnis
tat unfassbar weh.

Jim Carrey hat mal gesagt, eine Depression ist, wenn dein Körper zu dir sagt: »Fuck you!« Wenn er keine Lust mehr hat, den Charakter zu spielen, den du ihm die ganze Zeit aufzwingst. Wenn er diesen Avatar, den du kreiert hast, nicht mehr aufrechterhalten will, weil es ihm zu viel geworden ist. Diese Aussage bringt genau das auf den Punkt, was ich damals zwar gefühlt hatte, aber nicht wirklich begreifen und in Worte fassen konnte.

Nach all der Mühe und Anstrengung, die mir meine Überanpassung abverlangt hatte und die ich aufgewendet hatte, um mir dieses vermeintlich erfolgreiche Leben aufzubauen, musste ich erkennen, dass ich die ganze Zeit nur im Außen gelebt habe. Ich hatte mich nie wirklich gefragt, was ich selbst eigentlich möchte, was meine eigenen Bedürfnisse, Werte, Wünsche und Ziele sind. All die Jahre verleugnete ich mich selbst, lebte ich dafür, in eine Schablone zu passen. Nie war mir klar gewesen, dass ich selbst definieren und wählen kann, dass ich mir die ganze Zeit die falschen Fragen gestellt hatte und die Antworten anstatt in mir im Außen gesucht hatte. Ich war zur Meisterin der Selbstsabotage geworden. Ich befasste mich damals nicht bewusst mit diesem Thema, und beherrschte es zugleich wie kaum ein anderer.

DER UNSICHTBARE SCHATZ

Hi, ich bin Lamiya und ich mag es eigentlich nicht, mich vorzustellen. Denn egal, was ich von mir erzähle, es wird höchstwahrscheinlich dazu führen, dass dein Verstand mich in eine der bereits vorhandenen Schubladen in deinem Kopf stecken würde. Du würdest mich vergleichen und die Stichwörter scannen, die ich zu meiner Person nenne. Du würdest überlegen: »Kenne ich schon so jemanden? Was halte ich von Personen mit dieser Beschreibung?« Aus diesen Überlegungen kämst du zu einer Schlussfolgerung und, schwupps, stecke ich in der Schublade fest und du hast mir unbewusst einen Stempel aufgedrückt. Das Ganze, während du wenige Zeilen liest, ohne je erfahren zu haben, wer ich wirklich bin.

Womit wir bereits direkt mitten im Thema Psychologie und Selbstsabotage wären. Zu Beginn meiner eigenen Reise in diese Gefilde habe ich mich oft gefragt, warum sich der überwiegende Teil der Menschen nicht mit Psychologie befasst, wo es doch letztlich dort um essenzielles Wissen über uns selbst geht. In uns laufen unzählige psychische Prozesse ab, die bestimmten Mustern folgen, unsere Denk-, Verhaltens- und letztlich unsere ganze Lebensweise beeinflussen – doch sind sie den meisten von uns überhaupt nicht bewusst. Die wenigsten beschäftigen sich mit dem, was sich in ihrem Inneren abspielt. Jedenfalls so lange nicht, bis der Körper oder der Verstand protestiert und sie es nicht mehr ignorieren können. Wenn man nicht mehr »funktioniert«, ist man irgendwann gezwungen, sich diesen Themen zu widmen, und manch einer findet sich dann beim Psychotherapeuten auf der Couch wieder. Doch warum ist das eigentlich so? Was denkst du?

Meine persönliche Erfahrung brachte mich zu dieser Antwort: Ein essenzieller von vielen Gründen ist die Tatsache, dass dieses Wissen in der Regel im Fachjargon daherkommt, mit unzähligen Theorien, Paradigmen, Forschungsergebnissen und Erkenntnissen, Studien,

Experimenten, Statistiken, Therapieansätzen und dergleichen mehr. Das Wissen ist komplex und dementsprechend dick verpackt und ausschweifend dargelegt. Die Thematik wirkt für Laien dadurch schwer. Es fehlt die Leichtigkeit, die Menschen anlocken könnte, sich damit auseinanderzusetzen und dieses wertvolle Wissen ganz konkret für den eigenen Alltag einzusetzen.

Als ich in meiner Identitätskrise an meinem persönlichen Tiefpunkt angelangt war, entwickelte ich ein ausgeprägtes Interesse für alles Psychologische. Zunächst einmal aus meinem eigenen Schmerz heraus, um ihn zu verstehen und um mir selbst zu helfen. Doch daraus wurde bald eine echte Leidenschaft. Ich konnte nach all den Erkenntnissen und persönlichen Erfolgen, die mir dieses Wissen gebracht hatte, einfach nicht fassen, dass das alles nicht standardmäßig gelehrt wird. Ich hatte so vieles über mich gelernt! Ich hatte begriffen, dass ich mir selbst im Weg gestanden und mich genau das an diesen Tiefpunkt gebracht hatte.

Ich erkannte meine eigenen, mich selbst sabotierenden Denk- und Verhaltensweisen und lernte, dass auch ich selbst es bin, die sie ändern und stoppen kann.

Ich kämpfte mich nicht nur erfolgreich aus meiner Krise heraus, sondern veränderte dabei mein gesamtes Leben. Ich wollte auch danach nicht aufhören, mich mit diesem Thema zu befassen. Oft wünschte ich mir, jemand hätte mir alles das, was ich jetzt erfuhr, schon vorher gesagt – und so beschloss ich, dass ich fortan genau dieser Jemand für andere sein möchte.

Ich traf eine für mich persönlich schwerwiegende und weitreichende Entscheidung, die damals niemand außer mir selbst verstehen konnte. Ich gab alles auf, was ich bis dahin erreicht hatte. Meinen langen und hart erarbeiteten Werdegang, Karriere, Gehalt, Sicherheit. Meine Vision gab mir die Stärke und den Mut, diesen einschneidenden Schritt zu gehen. Ich wollte raus aus der Finanzwelt, die von Beginn an nie zu mir und meiner Persönlichkeit gepasst hatte. Ich wollte in die Welt der mentalen Gesundheit, wollte Menschen helfen, mich für mehr Bewusstheit einsetzen, andere an die Hand nehmen und begleiten.

Ich begann neu, ließ mich zur psychologischen Beraterin und zum Coach ausbilden, machte mich selbstständig und gründete parallel dazu meinen Instagram-Kanal @werdegluecklich. Ich fing an, das Wissen und meine Erfahrungen in die Welt hinauszutragen. Auf meine Art, denn auch das hatte ich gelernt: keine Schublade, kein Verstellen, keine Überanpassung mehr. Ich hatte mir überlegt, wie ich die komplexen Themen so aufbereiten kann, dass sie für jedermann zugänglich, leicht verständlich und praktikabel sind. Auf dieser Basis kreierte ich eine Vision, von der sich Zehntausende Menschen angesprochen fühlten, die nun begannen, sich mit der Psychologie und sich selbst auseinanderzusetzen. Eine unglaubliche Bestätigung für meinen Weg und meine Entscheidung.

Die Erkenntnisse, die ich auch in diesem Buch vermittle, haben das Potenzial, dein ganzes Leben zu verändern, zum Positiven. Es ist, als läge da eine Schatzkiste direkt vor deinen Augen. Sie liegt vor den Augen jedes einzelnen Menschen und enthält alles, was du brauchst, um glücklich, erfüllt und zufrieden zu sein. Sie liegt schon immer da, doch du hast sie bisher nicht gesehen und nicht geöffnet. Sie steht jederzeit bereit, du musst nur mal innehalten, hinschauen und sie aufmachen.

Meine Mission ist es, so viele Menschen wie nur möglich – und damit auch dich, der du gerade diese Zeilen liest – auf diesen Schatz aufmerksam zu machen. Alles, was du brauchst, ist bereits in dir. Es war schon immer da! Du konntest es nur möglicherweise nicht sehen. Ich möchte dich aufrütteln und dir sagen:

SCHAU HIN!
Da liegt ein unendlich wertvoller Schatz
genau vor deinen Augen.

Das ist Sinn und Zweck dieses Buches. Es wird dich in erster Linie zum Nachdenken anregen, dich mit gängigen und neuen Sichtweisen konfrontieren, dir Impulse geben, bestimmte Verhaltens- und Denkweisen zu hinterfragen, genauer hinzuschauen und über deine Selbstsabotage im Leben nachzudenken und zu erkennen, dass all die Antworten, die du suchst, bereits in dir sind.
Mit diesem Ziel werde ich dich durch dieses Buch führen, dir an der ein oder anderen Stelle einen liebevollen Ruck in die richtige Richtung geben. Ich werde dir helfen, dich selbst aus einer Metaebene zu betrachten und so rational wie möglich zu reflektieren und selbstsabotierende Denk- und Verhaltensweisen zu identifizieren. Ich möchte, dass du erkennst, dass du deinem Leben nicht hilflos ausgeliefert bist und jederzeit beginnen kannst, selbst die Veränderung anzustoßen, die du dir wünschst.

Sabotierst du dich selbst?

DU SIEHST DIE WELT NICHT SO, WIE SIE IST, SONDERN SO, WIE DU BIST

Was denkst du eigentlich, wer du bist? Kannst du das beantworten? Und was, wenn ich dir sage, dass du dich täuschst? Rund 95 Prozent dessen, was du tagtäglich tust, läuft unbewusst ab. In der Konsequenz heißt das, dass in deinem Inneren eine Parallelwelt existiert, die dir nicht bewusst ist und dennoch deine Gedanken, deine Gefühle, deine Handlungen und damit dein ganzes Leben maßgeblich beeinflusst und steuert.

Du denkst, du siehst die Dinge so, wie sie wirklich sind, läufst aber mit deinem ganz persönlichen Filter durch die Welt, hast deine ganz eigene selektive und subjektive Wahrnehmung von ihr. Du biegst dir Unangenehmes so zurecht, dass du dich damit wohler fühlst, unterliegst verschiedenen Wahrnehmungsverzerrungen und agierst in weiten Teilen auf Autopilot. Du weißt es nur eben nicht. Das ist der Grund, warum du womöglich unzufrieden bist – mit bestimmten Lebensumständen, deinem Verhalten oder deinen zwischenmenschlichen Beziehungen.

So wie ich das eben für dich beschrieben habe, geht es mehr oder weniger allen. Doch was wäre, wenn wir frühzeitig lernen würden, welche Prozesse sich in unserem Inneren abspielen? Wenn wir wüssten, dass sich das Wesentliche in unserem Unterbewusstsein abspielt und unser Gehirn im Grunde eine Art Vergangenheitsfestplatte ist,

die größtenteils immer und immer wieder dasselbe Programm abspielt? Wenn wir um all diese Dinge wüssten, würden wir dann nicht achtsamer durch die Welt gehen, hätten harmonischere Beziehungen und insgesamt ein zufriedeneres Leben? Ich denke schon.
Deshalb ist es großartig, dass du dieses Buch heute in den Händen hältst und diese Zeilen liest. Deine innere Welt kennenzulernen ist die größte Errungenschaft, die du dir in dein Leben holen kannst. Das Wissen über dich selbst eröffnet dir so viele neue ungeahnte Möglichkeiten. Lerne dich selbst und deine innere Welt besser kennen, hol dir ins Bewusstsein, was dir bisher verborgen war – dann wirst du die Welt mit anderen Augen sehen, eigene und fremde Verhaltensweisen besser verstehen, Zusammenhänge erkennen, dadurch mehr Verständnis für dich und deine Mitmenschen aufbauen, verstehen, wie du an den heutigen Punkt gelangt bist und welche Rolle frühere Erlebnisse dabei spielen. Auf der Basis dieses neu erlangten Selbst-Bewusstseins kannst du dir ein zufriedeneres Leben aufbauen.
Du trägst alle Ressourcen für Heilung und Veränderung in dir. Du bist Experte oder Expertin deiner selbst, kannst deine Situation analysieren und selbstständig Lösungen entwickeln. Du bist der Regisseur, die Regisseurin deines Lebens!
Vielleicht fragst du dich an dieser Stelle: Wenn ich Regie führe, warum erlebe ich dann einen Horrorfilm, ein Drama oder eine irre Komödie? Warum ist mein Film keiner voller Glückseligkeit und Zufriedenheit? Das ist es doch, was ich will. Die Antwort ist: Weil dir vieles von dem, was dich antreibt, schlicht nicht bewusst ist.
Die Wahrheit ist: Da uns die meisten Prozesse, die in uns ablaufen, nicht bewusst sind, stehen wir uns oft selbst im Weg. Wir haben Denk- und Verhaltensweisen, die nicht zulassen, dass wir unser volles Potenzial entfalten. Wir unterlassen Dinge, die notwendig wären, um das zu erreichen, was wir eigentlich erreichen wollen. Wir verhalten uns entgegen unseren Bedürfnissen, Werten, Wünschen, Zielen und Einstellungen. Kurz: Wir sabotieren uns selbst!

Und genau darum werden sich alle Kapitel hier drehen, um deine Selbstsabotage. Um all die Unannehmlichkeiten und Herausforderungen deines Lebens, die du einerseits (bewusst oder unbewusst) selbst verursachst und für die du andererseits selbst die Verantwortung übernehmen kannst, um sie zu ändern. Du hast nicht die Macht, andere Menschen und äußere Umstände zu lenken oder zu verändern. Was du aber beeinflussen kannst, ist das, was in dir selbst stattfindet. Deshalb ist unser Thema und die Auseinandersetzung damit unfassbar macht- und wertvoll.

Es ist aber an eine Bedingung geknüpft: deine Bereitschaft, dich kritisch mit dir selbst auseinanderzusetzen, Verantwortung für dein Leben und deinen Umgang mit den Dingen, die dir widerfahren, zu übernehmen und dir dabei zuallererst an die eigene Nase zu fassen. Das ist keine leichte Aufgabe. Aber das, was im Außen passiert, spielt auf unserer Reise hier kaum eine Rolle und wir konzentrieren uns lediglich auf das, worüber du auch Macht hast: deine innere Welt und dein eigener Anteil am Geschehen. Manchmal verbindet man diese Verantwortung mit Schuld. Doch sei dir immer gewiss, dass es bei deinem kritischen Blick auf dich selbst und deine Haltung niemals um Schuld geht. Es geht um Bewusstsein und Befreiung, denn in allem, was du als Selbstsabotage entlarvst, steckt gleichzeitig die Erkenntnis, dass auch du es bist, der diese Sache verändern kann.

DER FILTER, DURCH DEN DU DIE WELT BETRACHTEST

Alles, was um dich herum passiert und was du wahrnimmst, geht im ersten Schritt durch eine Art Filter. Stell ihn dir einmal wie eine Brille vor. Sie ist aus all deinen Erwartungen, Erinnerungen, bisherigen Denkmustern, Erfahrungen und Vergangenheitserlebnissen gemacht. Du bewertest die Dinge, die du siehst, dementsprechend. Deine

Bewertung hängt daher viel mehr von dir und deiner Vergangenheit als von der Situation selbst ab. Und deine Bewertung wiederum bestimmt über deine Gefühle und die darauf folgenden Handlungen.
Dein Gehirn versucht, all deine Eindrücke und Erlebnisse erst einmal zu kategorisieren. Für all das, was du schon einmal oder öfter erlebt oder getan hast, existieren bereits Schubladen in deinem Kopf. Wenn es Dinge sind, die du schon unzählige Male getan hast, sagen wir mal, der Kaffee am Morgen mit zu viel Zucker und Milch, wurde die zugehörige Handlung längst ins Unterbewusste abgeschoben und du musst nicht jeden Morgen darüber nachdenken, wie du deinen Kaffee trinkst und welchen Knopf genau du auf deiner Kaffeemaschine drücken musst. Dieser Prozess läuft automatisiert ab. Man kann also vereinfacht sagen: Alles, was du dir bereits zur Gewohnheit gemacht hast und wofür bereits eine Schublade in deinem Kopf existiert, läuft automatisiert ab. Du denkst über diese Dinge nicht mehr (bewusst) nach.
Für deine Selbstsabotage bedeutet das: Du tust Dinge, die dem, was du eigentlich willst, entgegenstehen und die dir unter Umständen sogar schaden, bist dir dessen aber nicht (mehr) bewusst.

HOL DIR INS BEWUSSTSEIN ZURÜCK, WAS DEIN GEHIRN INS UNTERBEWUSSTE ABGESCHOBEN HAT

Die gute Nachricht ist: Letztlich bestimmst du in weiten Teilen selbst, wie dein Gehirn gebaut ist. Denn dein Gehirn ist dein Leben lang in der Lage, neue Nervenzellenverbindungen herzustellen, und du bestimmst, welche das sind. Je nachdem, wie und was du Neues dazulernst, baut es Nervenzellen auf. Und es baut andere auch wieder ab, wenn du bestimmte Dinge aufhörst zu tun. Je nachdem, wie dein Gehirn gestaltet ist, gestaltet sich dann auch dein Denken, Wahrnehmen und Verhalten – und somit dein Leben. Diese Fähigkeit des Gehirns,

sich lebenslang umzubauen, wird als neuronale Plastizität bezeichnet. Wenn du eine Sprache erlernst – oder auch wieder verlernst –, baut sich dein Gehirn entsprechend um.
Das bedeutet, dass du vieles, was du erlernt hast, auch wieder verlernen kannst. Die neuronale Plastizität kann dir ermöglichen, auch selbstsabotierende Verhaltens- und Denkmuster zu verlernen oder durch neue Muster zu ersetzen. Durch dein Reflexionsvermögen kannst du einige Dinge, die dein Gehirn ins Unterbewusstsein abgeschoben hat, wieder ins Bewusstsein zurückholen und prüfen, ob sie noch hilfreich sind. Du kannst dir alte Überzeugungen wieder bewusst machen und sie transformieren. Du kannst negative Gewohnheiten und Denkmuster identifizieren und verändern. Lernen, deine Verhaltensweisen und die deiner Mitmenschen zu verstehen, und vieles mehr. Um diese Fähigkeiten wird es hier im Buch gehen. Mit ihnen kannst du dein Selbstbild und dein Leben zum Positiven verändern. So sagte schon der berühmte Psychiater Carl Gustav Jung, dass das Unbewusste schicksalhaft unser Leben lenkt – so lange, bis wir es uns bewusst machen.

DEINE GEFÜHLE SIND DER SPIEGEL DEINER GEDANKEN

Fühlst du dich gerade unzufrieden mit deinem Leben? Hast du, insgesamt betrachtet, mehr unschöne als schöne Gefühle und es gibt eine Menge negative Situationen und Umstände, die du gern verändern oder aus denen du gern ganz ausbrechen würdest? Der Grund für unseren Veränderungswillen sind meist unangenehme Gefühle, die irgendwann überhandnehmen und sich nicht mehr ignorieren lassen. Wenn man sich mit dem Thema Gefühle näher beschäftigt, dann wird man auch da feststellen, dass sie viel mehr mit uns selbst zu tun haben als mit den äußeren Umständen oder anderen Menschen. Und natürlich mit unserer Selbstsabotage.

Wir verknüpfen unsere Gefühle meist mit der Situation, die ihnen vorangegangen ist. Mit einem Ereignis oder einer Person, die dieses Gefühl – vermeintlich – in uns auslöst. »XY hat mich geärgert und deswegen fühle ich mich jetzt schlecht.« Doch es gibt einen Zwischenschritt, der uns meist nicht bewusst ist, nämlich unsere eigene Bewertung dessen, was geschehen ist. Unsere Bewertung dessen, was jemand gesagt oder getan hat. Diese Bewertung ist die wahre Ursache für das Gefühl, nicht unbedingt das Ereignis selbst. Unsere Gefühle werden durch unsere Denkweise und unsere Bewertung gesteuert.

Das ist auch der Grund, warum verschiedene Menschen dieselbe Situation, dasselbe Ereignis, dieselbe Handlung unterschiedlich empfinden. Während sich der eine wahnsinnig darüber aufregt, sich schlecht fühlt und es ihn übermäßig beschäftigt, kümmert es die andere überhaupt nicht und wieder ein anderer macht sich nur kurz Gedanken darüber und kann es ganz schnell wieder loslassen.

Der Grund für genau diese Unterschiede ist wie gesagt unsere Bewertung. Ein Gefühl, das wir empfinden, folgt einer Bewertung und diese Bewertung wiederum hängt von unserem persönlichen Filter ab, von unseren Glaubenssätzen, unseren Erfahrungen und Prägungen, den Schubladen in unseren Köpfen und dem, wie wir die Welt, andere Menschen und auch uns selbst sehen.

Ich kann deinen inneren Widerstand gegen deine Verantwortung bereits hören. »Dann soll ich also selbst schuld an meinen Gefühlen sein?«, wirst du vielleicht denken. Wer will sich schon freiwillig ängstlich, traurig oder depressiv fühlen? Niemand will das und es geschieht auch nicht freiwillig, sondern unbewusst. Und anders als du jetzt vielleicht schlussfolgern magst, ist das eine gute Nachricht. Was du möglicherweise als »Schuld« wahrnimmst, ist in Wirklichkeit eine Chance. Stell dir vor, deine Gefühle wären wirklich ausschließlich eine Folge von äußeren Umständen und anderen Menschen. Das

würde bedeuten, andere Menschen hätten jederzeit die Macht darüber, wie du dich gerade fühlst. Es hinge vollkommen davon ab, wie andere dich behandeln oder wie die Umstände gerade sind. Du wärst völlig ausgeliefert und fremdgesteuert. Bist du das? Sicher nicht.
Aber vielleicht fühlst dich du gerade ohnmächtig, weil dir die Zusammenhänge nicht bewusst sind. Wenn dem so ist, wird es höchste Zeit, deine Sichtweise zu ändern, denn es kommt – wie bei so vielem im Leben – ganz auf deine Betrachtungsweise und Interpretation an. Wenn deine Gefühle von deiner Bewertung abhängen, dann bist du die Person, die es zum Positiven ändern kann. Du bist die Person, die Macht über deine Gefühle hat. Du kannst an deiner Bewertung arbeiten und lernen, die Dinge anders, reflektierter und zu deinen Gunsten zu betrachten. Jedes Ereignis und jede Situation ist objektiv betrachtet weder gut noch schlecht, wir sind es, die ihnen mit unseren Gedanken eine Wertung geben.
Zweifellos gibt auch andere, nicht auf unser Bewertungssystem zurückzuführende Entstehungsmöglichkeiten für Gefühle, Drogen, Medikamente oder Störungen in der Hormonproduktion zum Beispiel. In der Regel ist es aber unser Bewertungssystem und darum wird sich das Folgende auch drehen.

GEFÜHLE SIND WIE WOLKEN

Es gibt zahlreiche Fehlannahmen und Irrglauben, was Gefühle angeht. Die meisten von uns denken, sie hätten keinen Einfluss auf sie. Wir kategorisieren sie in negative und positive Gefühle. Fühlen uns ihnen ausgesetzt und unterdrücken sie. Von Kindesbeinen an wird uns beigebracht, welche Gefühle akzeptabel sind und welche nicht. Negative Gefühle dürfen oftmals nicht sein, nicht zum Ausdruck gebracht werden, während die positiven und ihr Ausdruck herzlich willkommen sind. Die Wahrheit ist: Jedes Gefühl hat seine Daseinsberechtigung. Jedes Gefühl, unabhängig davon, wie es sich anfühlt, hat einen Nutzen. Es gibt im Grunde kein »negatives« oder »positives« Gefühl. Manche fühlen sich angenehm an, andere fühlen sich unangenehm an. Jedes Gefühl bringt eine Botschaft und einen Nutzen mit sich. Stell es dir vor, als würde deine Seele durch deine Gefühle mit dir sprechen. Sie möchte dir etwas sagen und von dir gehört werden und nutzt deine Gefühle dafür.

Die Wut sagt dir, dass hier deine Grenze überschritten wurde. Deine Müdigkeit, dass du dir zu viel zumutest und dich ausruhen solltest. Die Angst stellt dir Energie zur Verfügung, die du brauchst, wenn es drauf ankommt. Vertraue darauf, dass jedes Gefühl einen Sinn hat und einen bestimmten Zweck erfüllt. Auch wenn sie sich unangenehm anfühlen, sind sie im Grunde deine Freunde und dienen dir. Wenn du es zulässt.

Selbst wenn deine Gefühle so ausgeprägt sind, dass sie dir Schwierigkeiten bereiten, wenn Wut und Ängste über ein normales Maß hinausgehen, wenn du Panikattacken hast – sie sind dennoch Botschafter. Eine Einladung, mal genauer hinzuschauen. Ein Anklopfen deiner Seele, wenn man so will, die dir sagt: »Hey, schau hier bitte mal genauer hin, hier stimmt was nicht.« Oft entstehen heftige unangenehme Gefühle aufgrund destruktiver Verhaltens- und Denkweisen und negativer Prägungen, sind unangemessen stark und belastend, doch auch sie haben zunächst einmal eine Berechtigung und weisen uns darauf hin, dass wir genau diese Dinge anschauen und verändern dürfen.

Die meisten von uns haben vermeintlich negative Gefühle für sich verurteilt oder sie wurden ihnen als Kind verboten und sie sind dazu konditioniert worden, diese Gefühle nicht zu akzeptieren. Sätze wie »Ein Indianer kennt keinen Schmerz« oder »Heul doch nicht ständig« haben es ihnen verboten, bestimmten Gefühlen Raum zu geben und sie auszuleben. Sie drücken sie weg, ignorieren und überspielen sie. Das Tückische aber ist: Das Gefühl bahnt sich dennoch seinen Weg und je mehr wir versuchen, es zu ignorieren, desto lauter wird es sich bemerkbar machen. Viele Panikattacken liegen genau darin begründet.

> **Tipp**
>
> Versuche, jedes Gefühl so anzunehmen, wie es sich eben zeigt. Lass es da sein, fühle es im Idealfall, ohne es zu bewerten. Wenn du das tust, dann wird es dir dankbar sein und auch wieder weiterziehen.

Gefühle, wie zum Beispiel die Wut, sind temporär. Wie Wolken ziehen sie vorüber. Sie kommen und gehen, wenn wir es schaffen, sie aus einer neutralen Position wahrzunehmen, zu beobachten und weiterziehen zu lassen. Nicht aber, wenn wir versuchen, sie zu unterdrücken oder mit vergangenen Ereignissen und Prägungen zu verknüpfen. Das zieht ihren Besuch bei uns sozusagen künstlich in die Länge.
Sagen wir mal, du stehst an der Kasse im Supermarkt und da ist ein sehr unhöflicher Mensch, dem du nicht schnell genug bist. Dieser Mensch pöbelt dich an und das verärgert dich. Dein aufsteigender Ärger signalisiert dir, dass dieser Mensch deine Grenze überschritten hat. In dem Moment sagst du aber nichts und unterdrückst den Ärger, obwohl du innerlich total aufgewühlt bist. Du denkst auch nach dem Einkauf weiter darüber nach, ärgerst dich im Auto, erzählst zu Hause davon und spielst die Situation sogar abends im Bett noch einige Male durch. Du hältst gedanklich daran fest, weil du die Situation durch deinen Filter bewertest und sie deswegen möglicherweise persönlich nimmst. Dein Gehirn überträgt das Geschehene auf ähnliche Situationen, die du schon einmal erlebt hast. Du ärgerst dich über dich selbst, weil du nichts gesagt hast, und spekuliert darüber, was dieser

Mensch wohl für Urteile gegen dich hatte, und so weiter und so fort. Du ziehst das Ganze künstlich in die Länge und fühlst dich schlecht. Die Situation mit dem Mann ist längst vergangen, womöglich hatte sie überhaupt nichts mit dir persönlich zu tun – und doch beeinflusst sie noch lange, wie es dir geht. Genau das ist es, was viele von uns machen: Sie verstricken sich in ihrem eigenen Bewertungssystem. Darauf werde ich später noch näher eingehen.
Jemand anderes wäre möglicherweise überhaupt nicht wütend geworden. Oder er hätte sich geärgert und dem Mann aber mitgeteilt, dass hier eine Grenze verletzt wurde und es nicht okay war. Damit hätte es sich erledigt. Das Gefühl wurde gefühlt, es durfte da sein, wurde zum Ausdruck gebracht und ist weitergezogen.

ALL DEINE GEFÜHLE GEHÖREN ZU DIR

Es ist so wesentlich! Gib deinen Gefühlen den Raum, den sie verdienen. Schau hin, was sie dir sagen wollen. Sprich sie dir selbst nicht ab und lass sie dir vor allen Dingen auch nicht von anderen absprechen. Mag sein, dass in der Kindheit andere Menschen darüber bestimmt haben, was du zu fühlen hast, welche Gefühle erlaubt sind und welche nicht. Du hast ihnen geglaubt und diese Überzeugung unbewusst mit in die Gegenwart genommen. Du hast deine von ihnen nicht akzeptierten Gefühle verbannt, versteckt und unterdrückt, weil das die einzige Möglichkeit war, von ihnen akzeptiert zu werden, und du deswegen nicht anders konntest. Doch das brauchst du heute nicht mehr. Deine Gefühle sind und waren schon immer in Ordnung, auch wenn sie anderen nicht in den Kram gepasst haben.
Es gibt auch im Erwachsenenalter genug Menschen und äußere Umstände, die uns unsere Gefühle absprechen wollen. Doch du fühlst nun mal, was du fühlst. Ein Gefühl lässt sich nicht davon abhalten,

dass jemand es für »nicht angemessen« hält. Es ist dennoch da und hat seine Daseinsberechtigung. Wenn du gerade traurig bist und ich dir sage, »Das Leben ist schön, sei doch mal dankbar und froh«, dann ändert das wahrscheinlich rein gar nichts daran, dass du in diesem Moment traurig bist. Ich aber spreche dir deine Traurigkeit ab und liefere dir noch einen vermeintlichen Grund, warum du sie gerade nicht fühlen darfst. Dazu hat niemand das Recht.

»Wenn jeder seine Gefühle einfach ausleben würde, wo kämen wir denn da hin?«, höre ich den ein oder anderen sagen. Doch es geht hier nicht darum, jede Handlung, die auf ein Gefühl folgt, zu legitimieren. Wenn du gerade wütend bist und das Gefühl zulässt, bedeutet das selbstverständlich nicht, dass du deinem Gegenüber eine Pfanne auf den Kopf hauen darfst. Du darfst aber wütend sein und das auch zeigen. Das Zulassen eines Gefühls führt nicht zwangsläufig zu einer destruktiven Handlung. Zulassen bedeutet, sich einzugestehen, dass man gerade etwas fühlt, es zu beobachten, zu benennen und da sein zu lassen. Es nicht zu überspielen, wegzulächeln und so zu tun, als wäre nichts.

Ein Gefühl zuzulassen geht mit Gedanken einher wie: »Ich bin gerade wütend und es ist okay«, »Dieser Mensch hat mich verletzt und ich teile das mit« oder »Mir geht es nicht gut und ich nehme mir die Zeit, die ich brauche«.

Es geht darum, deine Gefühle wahrzunehmen, ernst zu nehmen, zu akzeptieren und ihnen auf den Grund zu gehen. Was wollen sie dir sagen? Selbstannahme bedeutet, dich so anzunehmen, wie du eben bist, und dazu gehören auch deine Gefühle. Alle! Gefühle zu unterdrücken heißt, dass du deine eigenen Bedürfnisse verleugnest, und das wiederum ist eine Form der Selbstsabotage.

Das zu verstehen ist essenziell, wenn du dich verändern möchtest, wenn du an deiner mentalen Gesundheit arbeiten möchtest, Resilienz aufbauen oder alte Prägungen und Kindheitserlebnisse aufarbeiten möchtest. Denn Bewusstseinsarbeit hat auch zum Ziel, übermäßig negative Gefühle, die du aufgrund destruktiver Denk- und Verhaltensweisen selbst erzeugst, zu verändern und zu regulieren. Es funktioniert nicht, wenn du ihnen keine Daseinsberechtigung gibst und sie unterdrückst. Auf dem Weg, deine Selbstsabotage zu erkennen und loszulassen, wirst du also auch deine Gefühle näher erkunden.

DEIN GEHIRN, DIE VERGANGENHEITSFESTPLATTE

Kennst du das Gefühl, wenn du morgens zur Arbeit fährst und plötzlich auf dem Parkplatz ankommend realisierst, dass du die Strecke gar nicht so richtig wahrgenommen hast? Die Fahrt passierte irgendwie automatisch, ohne dass du bewusst darüber nachgedacht hättest. Oft bist du gedanklich ganz woanders und gehst trotzdem deinen Routinen nach, ohne sie bewusst wahrzunehmen. Du läufst gewissermaßen auf Autopilot.

Das Gehirn neigt dazu, auf Bewährtes und Bekanntes zurückzugreifen. Auf das, was bereits im Speicher abgelegt ist. Es versucht, aus früheren Erfahrungen auf die Zukunft zu schließen. Stell es dir für unsere Zwecke hier einmal wie eine Festplatte vor, auf der alles gespeichert ist, was du in der Vergangenheit bereits gesehen, erlebt, gedacht, getan und gefühlt hast. Dein Gehirn strebt nach Effizienz und sucht nach Wegen, die Dinge mit minimalem Energieaufwand zu bewältigen. Dinge, die du oft genug wiederholt hast, wurden als Gewohnheit gespeichert – sie laufen automatisiert und unbewusst ab. Dein Gehirn weiß, wie damit umzugehen ist und welche Prozesse es in Gang setzen muss, ohne zu viel Energie darauf zu verschwenden. Es will auch nicht ständig alles neu bewerten. Es bedient sich daher immer wieder des Wissens, das bereits da ist. Das erleichtert dir das Leben, du denkst nicht jedes Mal von Neuem über Altbewährtes

nach. Das verschafft deinem Gehirn Kapazitäten für Neues. Doch genau da liegt auch die Tücke.
Denn leider entstehen durch diesen Prozess positive und negative Assoziationen, Vorurteile und Wahrnehmungsverzerrungen, auf die ich später auch noch mal genauer eingehen werde. Zudem ist alles, was neu und unbekannt ist, eine potenzielle Gefahr und zunächst einmal unangenehm für dein Gehirn. Es erfordert eine Menge Energie, Unbekanntes einzuordnen und zu verarbeiten. Dein Gehirn bleibt daher lieber bei dem, was es kennt, schließlich hat dich das bisher am Leben erhalten und wer weiß, was all die neuen Dinge mit sich bringen. Dein Gehirn will dich nämlich stets schützen und ist in erster Linie an deinem Überleben interessiert. Es warnt dich vor Gefahren und hält dich aber gleichzeitig in deiner Komfortzone und dem, was du bereits kennst, gefangen.
Das macht Veränderung so schwierig – aber nicht unmöglich. Wir haben ja bereits über die neuronale Plastizität und dein Reflexionsvermögen gesprochen. Du kannst daher positive Gewohnheiten etablieren und immer wieder etwas Neues ausprobieren und erlernen, um dein Gehirn zum Wachsen zu bringen und lebenslang neue Verknüpfungen zu erzeugen. Neuronale Muster zu durchbrechen und alte Gewohnheiten zu verändern erfordert Disziplin und Willenskraft, viel wichtiger ist aber die Erkenntnis, dass es grundsätzlich möglich ist. Wenn du diese Fähigkeit zu deinen eigenen Gunsten nutzt, kannst du ganz bewusst bestimmen, wie dein Gehirn sich verändern soll. Ein machtvolles Werkzeug beim Meistern deiner Herausforderungen und beim Gestalten deines Lebens.
Lösche also den gängigen Satz »Ich bin halt so«, denn das bist du nicht. Verstehe, wie dein Gehirn und deine Psyche funktionieren, und nutze dieses Wissen, um das Leben zu erschaffen, das du dir immer gewünscht hast.

WIR ALLE SITZEN IM SELBEN BOOT

Ich möchte dir an dieser Stelle Jana vorstellen. Sie wird uns durch das Buch begleiten. Jana ist eine überaus sympathische und liebenswerte Frau. Sie ist Mama von zwei Kindern, geht halbtags einem Bürojob nach und ist mehr oder weniger glücklich verheiratet.

Jana hat eine schwierige Kindheit hinter sich. Ihr Vater war alkoholkrank, die Eltern führten eine disharmonische Ehe und ließen sich irgendwann scheiden. Janas Mutter war danach alleinerziehend und hat viel gearbeitet, Jana wurde zum Schlüsselkind. Sie sind unzählige Male umgezogen und Jana musste oft eine neue Schule besuchen, wo sie auch Mobbing erlebte. Später brachte sie einige toxische Partnerschaften hinter sich.

Jana führt ein unbewusstes Leben. Das bedeutet, dass sie sich – wie die meisten Menschen – nicht viel mit sich selbst, ihrer Persönlichkeitsentwicklung oder ihrer Psyche beschäftigt. Sie hat ihre alltäglichen Routinen, gefestigte Denk- und Verhaltensweisen und hinterfragt ihr Leben nicht.

Bis ihr Vater stirbt. Da fällt Jana in ein tiefes Loch und stellt fest, wie schnell das Leben vorbei sein kann. Sie beginnt erstmals, ihr eigenes Leben zu hinterfragen. Was, wenn sie heute sterben würde? Wäre sie zufrieden mit dem Leben, das sie gelebt hat? Sie kommt zu dem Schluss: Nein, das wäre sie nicht! Erstmals denkt Jana konkreter über sich nach. Sie stellt defizitäre Denk- und Verhaltensweisen an sich fest. Sie muss sich eingestehen: Eigentlich hat sie gar kein Selbstbewusstsein, sie wird ständig von der Angst begleitet, ihre Liebsten zu verlieren, und ist dadurch eine Helikopter-Mutter, schränkt ihre Kinder ein und gibt ihnen kaum Freiräume. Ihre Ehe wurde auch zunehmend schwierig und sie hat Mühe, ihre Emotionen ihrem Mann gegenüber zu kontrollieren. Jana hat kaum Freunde, weil sie sich schwer damit tut, Kontakte zu knüpfen. Sie will es immer jedem recht machen, kann einfach nicht Nein sagen, gibt viel und bekommt im Gegenzug kaum

etwas zurück. All das wird Jana jetzt, wo sie sich so viele Fragen über sich selbst und ihr Leben stellt, so richtig bewusst.
Der Tod ihres Vaters und der damit einhergehende Schmerz hat Jana veranlasst, zu all diesen Erkenntnissen zu kommen. So ist das bei den meisten Menschen. Ein Schmerz ist die Initialzündung dafür, dass sie sich erstmals mit der eigenen inneren Welt befassen.

> **Reflektiere**
>
> Frage dich gern einmal: Wie ist das bei dir? Wann hast du begonnen, dich selbst zu hinterfragen?

Jana weiß nun, dass sie so nicht weitermachen möchte. Sie möchte ein besseres Leben für sich, ein Leben, von dem sie sich, wenn sie selbst einmal auf dem Sterbebett liegt, guten Gewissens verabschieden kann. Doch wie soll sie das machen?
Würde man jedem Detail in Janas Leben nachgehen, könnte man für all ihre Schwierigkeiten mögliche Ursachen identifizieren. So wäre ihr mangelndes Selbstbewusstsein wahrscheinlich dadurch bedingt, dass ihre Eltern eine ungesunde Beziehung hatten und nie wertschätzend miteinander, aber auch nicht mit ihr umgegangen sind. Daraus hat sich der Glaubenssatz »Ich bin wertlos« gebildet, was wiederum dazu geführt hat, dass Jana kein gesundes Selbstbewusstsein entwickeln konnte. Die Ängste, ihre Kinder zu verlieren, könnte im Verlust ihres Vaters bei der Scheidung begründet liegen. Ihre mangelnde Kontaktfähigkeit und die Unfähigkeit, anderen zu vertrauen, rühren wahrscheinlich von den vielen Umzügen und dem Mobbing her, das sie in den Schulen erlebt hat. In dieser Weise könnte man bei jedem einzelnen schwierigen Punkt ganz genau hinschauen und eine Ursache in Janas Vergangenheit identifizieren. Und genau aus diesem Grund ist es wichtig, dass Jana sich mit sich selbst auseinandersetzt. Dass sie

diese innere Arbeit betreibt, in die Parallelwelt in ihrem Inneren eintaucht und ins Bewusstsein holt, was ihr Gehirn ins Unterbewusste verschoben hat. Nur so wird Jana Antworten und Lösungsansätze finden, um sich ein besseres Leben zu gestalten.

Das Gleiche gilt für dich, denn auch du bist Jana.
Jana steht für jede und jeden Einzelnen von uns.

Ihre Vita und die negativ prägenden Erfahrungen, die sie gemacht hat, sind beliebig austauschbar. Wir alle haben prägende Erlebnisse hinter uns. Dinge, die uns zu dem Menschen gemacht haben, der wir heute sind, aufgrund derer wir denken, wie wir denken, uns fühlen, wie wir uns fühlen, und handeln, wie wir handeln. Diese Dinge begleiten uns in Form von Glaubenssätzen, typischen Handlungs- und Verhaltensweisen.

Im Laufe des Buches werde ich dir immer wieder von Jana erzählen und ich bitte dich, die Inhalte auf dich zu übertragen und zu reflektieren, inwiefern das Erzählte auf dich zutreffen könnte. Stell dir vor, ich hätte dich und nicht Jana als Beispielperson genommen: Wie sähe dein Steckbrief aus? Was sind die prägenden Ereignisse deines Lebens gewesen? Mach gern eine kurze Pause und schreib sie auf.

Wie auch immer deine Lebenseckpunkte lauten mögen, diese Dinge haben ganz bestimmte Denk- und Verhaltensmuster in dir ausgelöst. Sie haben etwas mit dir gemacht, dich geformt. Sie sind Bestandteil deines Wahrnehmungsfilters und beeinflussen auch dein heutiges Leben. Indem du dir das bewusst machst, kannst du ganz viel für dich wandeln. Denn genau das ist der erste Schritt zur Veränderung und letztlich auch das, was dich zum Ende deiner Selbstsabotage führen wird: Bewusstmachung. Und genau daran arbeiten wir auch im folgenden Kapitel weiter.

Was bedeutet Selbstsabotage?

ZWISCHEN WOLLEN UND TUN

Hast du schon einmal etwas, das du eigentlich wolltest, nicht getan? Eigene Ziele untergraben und Dinge, von denen du genau wusstest, das sie gut und förderlich für dich wären, unterlassen? Oft wissen wir ganz genau, was gut für uns ist, und handeln gegenteilig. Noch öfter halten uns unser Filter, unsere Gedanken und die Funktionsweise unseres Gehirns davon ab, zu unseren Gunsten zu handeln. Wir legen bewusst oder unbewusst Verhaltens- und Denkweisen an den Tag, die dem, was wir eigentlich wollen, entgegenstehen. Wir setzen uns selbst Hindernisse in den Weg. Kurz: Wir sabotieren uns selbst.

Selbstsabotage ist jede Einstellung, jede Denkweise, jedes Verhalten und jede Handlung, die deinen Bedürfnissen, Werten, Wünschen und Zielen entgegensteht und sie untergräbt.

Alles, was dich daran hindert, so zu sein und zu leben, wie du es eigentlich gern möchtest. Was dich daran hindert, glücklich und zufrieden zu sein. Überall dort, wo du Unzufriedenheit spürst, wo es gerade schiefläuft in deinem Leben, darfst du genauer hinsehen. Manchmal bedeutet Selbstsabotage auch, unzufrieden zu sein und dabei überhaupt nicht zu wissen, was die eigenen Bedürfnisse, Werte, Wünsche und Ziele sind.

BEWUSSTE SELBSTSABOTAGE: DU WEISST ES UND TUST ES TROTZDEM

Warum sollte sich jemand bewusst selbst sabotieren? Eine berechtigte Frage, da es sich um ein sehr paradoxes Verhalten handelt. Nichtsdestotrotz tun das viele von uns, sehr viele sogar.

Bewusst heißt, du weißt ganz genau, dass du etwas nicht tun solltest, willst es eigentlich nicht tun und hast dir unter Umständen sogar fest vorgenommen, es zu lassen – aber du tust es am Ende trotzdem. Das können die Süßigkeiten sein, die du auf keinen Fall mehr essen wolltest, dann aber sitzt du doch wieder mit der Tafel Schokolade vor dem Fernseher. Es könnte umgekehrt aber auch der Sport sein, der wichtig für deine Gesundheit ist und den du unbedingt machen willst – und dann tust du es doch wieder nicht. Zur bewussten Selbstsabotage zählt auch, dass du mit einer tollen Idee in einem Meeting sitzt und sie einfach nicht aussprichst, obwohl gerade Ideen gefragt sind und du eigentlich sehr gern vorankommen und die nächste Karrierestufe erreichen möchtest.

Du weißt also ganz genau um dein Handeln und die Konsequenzen und handelst trotzdem auf die ungünstige Weise und nimmst die Konsequenzen in Kauf. Das ist bewusste Selbstsabotage. Du kennst deine Werte, Ziele, Wünsche und Bedürfnisse und handelst bewusst dagegen. Bewusste Selbstsabotage führt zu einer Abwärtsspirale des eigenen Selbstwertes. Selbstvertrauen baut sich nämlich auf, indem du das tust, was du dir selbst vorgenommen hast. Genau das tust du aber nicht, wenn du dich bewusst selbst sabotierst. Der Selbstwert sinkt und du schädigst auch deine mentale Gesundheit.

Wenn du mir jeden Tag sagen würdest, dass du dir fest vorgenommen hast, eine bestimmte Sache umzusetzen, und ich aber täglich beobachte, dass du es nicht tust – wie lange würde es wohl dauern, bis ich deinen Worten keinen Glauben mehr schenke? Beim Selbstvertrauen gibt es zwar kein direktes Gegenüber, dem du dein Vorhaben mitteilst, die Wirkung ist aber dieselbe. Wenn du dir immer wieder etwas vornimmst und es nicht umsetzt, glaubst du dir selbst irgendwann nicht mehr und sabotierst dich umso mehr.

> **Reflektiere**
>
> Wie sieht es mit dem Vertrauen in dich selbst aus? Kannst du dir noch glauben, was du dir sagst?

UNBEWUSSTE SELBSTSABOTAGE: DU DENKST, DU KANNST NICHTS DAFÜR

Sicher gibt es auch bei dir etwas, wonach du dich sehnst, worum du dich vielleicht sogar bemühst, was dir aber einfach nicht gelingen will. Eine neue Beziehung, tiefgründige Freundschaften, einen erfüllenden Job oder einfach mal glücklich sein. Du hättest es gern, aber aus dir unbekannten Gründen klappt es einfach nicht. Vielleicht gerätst du immer wieder in ähnliche Situationen und die Dinge, die dir widerfahren, folgen einem negativen Muster, das sich wiederholt. Möglicherweise schadet dir immer wieder der gleiche Typ Mann oder Frau oder ein neues toxisches Arbeitsumfeld oder Ähnliches.

> **Reflektiere**
>
> Was gelingt dir nicht, obwohl du es willst?

Vielleicht fühlst du dich aufgrund dieser Dinge auch als Opfer deines Lebens, vom Pech verfolgt oder siehst dich als Unglücksrabe. Möglicherweise hast du das Gefühl, dass du schon viel für das Ersehnte tust, und suchst deshalb – wie die meisten von uns – die Ursache im Außen, bei den Menschen, mit denen du zu tun hast, oder den äußeren Umständen. Möglicherweise glaubst du, es sei dein Schicksal. Doch auch für diese Dinge gibt es meist eine Ursache, die dir nicht bewusst und tiefer in dir selbst verborgen ist.

Häufig führen alte Prägungen, Überzeugungen oder Traumata dazu, dass wir uns unbewusst entgegen dem verhalten, was wir eigentlich wollen und wonach wir uns sehnen. Diese Prägungen haben zu Denk- und Verhaltensweisen geführt, die letztlich veranlassen, dass wir uns unbewusst selbst sabotieren und uns deswegen dann in unerwünschten, unbefriedigenden Situationen wiederfinden.

Das ist die unbewusste Selbstsabotage, die weit komplexer und schwieriger zu identifizieren ist als die bewusste Selbstsabotage. Anders als bei der bewussten Selbstsabotage wissen wir hier nämlich nicht, dass unser eigenes Denken, Bewerten und Handeln das Problem ist und zu den Konsequenzen führt, unter denen wir leiden. Wir nehmen die Konsequenz als unangenehm, schmerzhaft und negativ wahr, nicht aber, dass wir selbst die Ursache sind.

Während wir bei der bewussten Selbstsabotage mittels klarer Ziele und Selbstreflexion aktiv gegensteuern können, ist es bei der unbewussten Selbstsabotage erst mal nötig, sich selbst besser kennenzulernen, alte Muster aufzudecken und den eigenen Gedanken und Verhaltensweisen auf den Grund zu gehen. Sobald du deine destruktiven Muster erkennst, kannst du beginnen, sie zu durchbrechen.

Es ist wie bei einem Eisberg: Der Teil, den du sehen kannst, ist die bewusste Selbstsabotage. Der weit größere und nicht sichtbare Teil ist die unbewusste Selbstsabotage. Und manchmal liegen auch die tiefsten Ursachen für die bewusste Selbstsabotage unter der Wasseroberfläche. Das zu verstehen und so viel wie möglich vom Unbewussten ins Bewusste zu holen, ist dein Schlüssel zu einem selbstbestimmten, zufriedenen und glücklicheren Leben. Dabei werden dich die Inhalte dieses Buches unterstützen.

Ursachen der Selbstsabotage

DU MACHST DIR DIE WELT, WIE SIE DIR GEFÄLLT: KOGNITIVE DISSONANZ

Einer von vielen Gründen für Selbstsabotage ist die sogenannte kognitive Dissonanz. Lass mich das so erklären: Grundsätzlich haben wir Menschen ein positives Selbstbild und ein Verlangen nach Übereinstimmung von unseren Werten, Überzeugungen und Gefühlen mit unserem tatsächlichen Handeln. Handeln wir aber anders, entsteht ein Ungleichgewicht, das in der Psychologie auch kognitive Dissonanz genannt wird. Wenn unsere Wahrnehmungen, Gedanken, Meinungen, Einstellungen, Wünsche oder Absichten nicht miteinander vereinbar sind, erzeugt das eine Spannung in uns. Diese Spannung versuchen wir vereinfacht gesagt aufzulösen, indem wir (unbewusst) Realitäten verdrehen, Fakten ignorieren und Wahrheiten unseren Bedürfnissen anpassen. Wir setzen alles daran, um das negative Störgefühl zu rechtfertigen oder aus der Welt zu schaffen – das nennen wir Dissonanzreduktion. Wir passen unsere Einstellung unserem Verhalten an, vermeiden Informationen und Handlungen, welche die Dissonanz verstärken, wir rechtfertigen oder rationalisieren sie. Das aber heißt wieder: Wir sabotieren uns selbst.

Wie ist das bei Jana? Sie raucht, aber sie weiß im Grunde, dass es ungesund ist, sie dadurch krank werden und ihre Lebensdauer verkürzen kann. Das Rauchen, also ihr Verhalten, steht in Widerspruch zu ihrem Wissen, dass es schlecht für sie ist. Das löst ein unangenehmes Gefühl in ihr aus – die Dissonanz. Um dieses unangenehme Gefühl loszuwerden, müsste Jana eigentlich mit dem Rauchen aufhören. Das kann und will sie aber irgendwie auch nicht. Also fängt sie unbewusst an, das Rauchen vor sich selbst zu rechtfertigen. »Durchs Rauchen bin ich öfter an der frischen Luft«, sagt sie sich, »Rauchen ist so schön gesellig« oder »Meine Oma hat auch geraucht und ist achtundneunzig geworden«. Diese Gedanken verschaffen Jana Erleichterung und lindern das schlechte Gewissen, das sie insgeheim hat. Mit ihrer Art der Dissonanzreduktion biegt sich Jana das Thema so zurecht, wie sie es gerade braucht. Sie sabotiert sich selbst.

Das Grundmuster kannst du auf alle möglichen Situationen übertragen. Der verhasste Job, zu dem du aus vermeintlichen Umständen gezwungen bist. Die toxische Beziehung, aus der du es nicht rausschaffst, weil sie doch viele gute Momente hat. Der eine Konflikt, der angeblich nur durch eine Verhaltensänderung deines Gegenübers geändert werden kann. Manchmal wollen wir Dinge einfach nicht sehen, weil wir sie nicht ertragen können, da sie unser Selbstbild gefährden und nicht mit unseren Werten, Zielen, Wünschen und Bedürfnissen übereinstimmen. Also kreieren wir einfach unsere eigene angenehmere Wahrheit, die aber im Grunde eine Illusion ist, um uns besser zu fühlen.

Kognitive Dissonanz ist das typische »Ja, aber ... «,
wenn du etwas hörst, was du nicht wahrhaben möchtest.

Im Laufe des Buches wirst du dich eventuell öfters genau so fühlen. Sobald du feststellst, dass etwas dran sein könnte an deiner Selbstsabotage, wirst du dir überlegen, warum sie dennoch gerechtfertigt ist oder warum die Ursache dafür im Außen liegt, nicht bei dir. So versuchst du, das Gefühl der Dissonanz loszuwerden. Achte darauf.

DU BLICKST DURCH EINEN FILTER: WAHRNEHMUNGSVERZERRUNGEN

Ich hatte ja bereits erklärt, dass dein Gehirn stets versucht, Energie zu sparen. Dabei bedient es sich einer Reihe kognitiver Abkürzungen, die verhindern, dass du die Dinge so siehst, wie sie tatsächlich sind. Eine Verarbeitung aller Reize, die auf dich einwirken, würde über die Kapazitäten deines Gehirns hinausgehen. Stell dir nur einmal vor, du müsstest nach allem, was ein anderer tut oder sagt, erst mal ausgiebig reflektieren, was Gestik, Mimik, Ausdrucksweise, Haltung und Stimmlage wohl im Kern zu bedeuten haben und wie was gemeint ist. Ein normaler Alltag wäre überhaupt nicht möglich, wenn wir jeden Reiz im Detail verarbeiten müssten.

Deshalb unterliegen wir alle einer ganzen Reihe von kognitiven Abkürzungen und Wahrnehmungsverzerrungen, der eine mehr, der andere weniger. Wenn du beispielsweise andere Menschen wahrnimmst, geschieht dies immer auf der Grundlage deines persönlichen Filters. Es gibt bereits Schubladen und Muster in deinem Kopf, die dein Gehirn nutzt, um Menschen, Ereignisse und Situationen einzuschätzen. Es gibt zum Beispiel den »Halo-Effekt«. Wenn du jemanden triffst, der besonders schön auf dich wirkt, wirst du ihm automatisch weitere positive Eigenschaften zuschreiben, obwohl die Person nichts davon gezeigt hat und du sie nicht gut genug kennst, um das beurteilen zu können. Es gibt Experimente, in denen beispielsweise Babys, die »schön« sind, von den Krankenschwestern besser behandelt wurden als die anderen. Ganz schön mies, oder? Das Tückische ist: Das passierte nicht, weil die Schwestern böse waren und die Babys, die sie als »nicht schön« empfanden, abwerten wollten, es passierte unbewusst. Das heißt, es wäre vermutlich auch dir passiert.

Es gibt zahlreiche solcher Verzerrungen und du siehst eine Person oder eine Situation daher eigentlich nie neutral. So beobachtest du zum Beispiel ein Verhalten und schreibst diesem neutralen Ereignis eine Ursache und eine Wirkung zu – das heißt im Fachjargon Attribution. Wenn jemand ein bestimmtes Verhalten an den Tag legt, wirst du dir also überlegen, warum er das tut, und es beurteilen. Diese Beurteilung hängt aber von dir selbst und nicht von der anderen Person ab und je nachdem, wie du urteilst, siehst du auch den Menschen. Sagen wir mal, dein Chef zieht in letzter Zeit ständig ein grimmiges Gesicht, wenn du ihm begegnest, er ist wortkarg und mürrisch geworden. Du beobachtest dieses Verhalten und nimmst es nicht einfach neutral hin, sondern wertest es, indem du ihm eine Ursache zuschreibst. »Er ist sicher unzufrieden mit mir und meiner Arbeit«, denkst du, oder: »Er hat sich sicher übernommen, eine Pause täte ihm gut«. Was du denkst, hat mit deinem Chef überhaupt nichts zu tun. Es hängt von dir ab.

Deine Informationen über eine Person oder ein Verhalten sind immer begrenzt. Indem du dir diese Tatsache bewusst machst, kannst du Fehlannahmen eher vermeiden oder zumindest wissen, dass deine Sicht auf die Dinge niemals die einzig wahre ist. Sei dir stets bewusst, dass es unzählige Faktoren gibt, die deine Sicht und Wahrnehmung beeinflussen.

Wenn du während einer Stadterkundung total hungrig bist, wird deine Wahrnehmung eine andere sein, dir werden die Restaurants eher auffallen als die Sehenswürdigkeiten.

Auch das ist eine kurzzeitige Wahrnehmungsverzerrung, die durch dein Bedürfnis zu essen ausgelöst wird, dadurch wird deine Wahrnehmung selektiv. Es gibt unzählige solcher Verzerrungen – wie das Priming, den Tunnelblick, den Bestätigungsfehler und so weiter. Darüber könnte man ein eigenes Buch schreiben. Doch was du hier für das Thema Selbstsabotage im Kern mitnehmen solltest, ist: Deine Sicht auf die Dinge entspricht meist nicht einer objektiven Realität. Wenn du bisher angenommen hast, dass das so sei, wirst du umso eher zu Selbstsabotage neigen. Verabschiede dich am besten von diesem Gedanken, denn es sind deine Überzeugungen, die deine Weltsicht prägen und dich letztlich dazu führen, dass du dir selbst im Weg stehst, dass du andere Menschen be- und verurteilst, falsch einschätzt oder deine Welt als negativ wahrnimmst. Wenn dir bewusst ist, dass deine Sicht auf die Welt nur bedingt korrekt ist, wirst du es insgesamt viel leichter haben im Leben.

DU WILLST SO BLEIBEN, WIE DU BIST: DEINE KOMFORTZONE

Nicht nur ist deine Wahrnehmung oftmals verzerrt, du bist auch gefangen in dem, was du bereits kennst. Stell dir einmal vor, Jana sitzt in einem Einmachglas, dieses Glas ist ihre Komfortzone. Dort ist alles enthalten, was Jana bereits kennt. Alles, was ihrem Gehirn bekannt ist und was sie schon oft erlebt und gesehen hat.

Komfortzone bedeutet aber nicht, dass es in dem Glas komfortabel ist. Denn dort sind auch all die negativen Gewohnheiten und Gedanken, die schwierige Ehe, das mangelnde Selbstbewusstsein, die abwertenden Selbstgespräche, Janas Ängste und die Auswirkungen des negativen Umfelds enthalten. All das ist ebenfalls Teil ihrer Komfortzone. Das, was Jana gern hätte, liegt außerhalb des Glases: eine wundervolle Ehe, eine selbstbewusste, glückliche, zufriedene und ausgeglichene Version ihrer selbst, alles, wonach Jana sich sehnt, all ihre Wünsche, Ziele und Träume.

Um dorthin zu kommen, müsste Jana das Glas verlassen – und genau da liegt das Problem, denn das ist ein ganz natürliches Hindernis. Das Glas ist verschlossen, es hat einen Deckel. Ihr Gehirn hat ihn drauf-

gesetzt. Es ist stets darum bemüht, sie am Leben zu erhalten und vor Gefahren zu schützen. Das gelingt, unabhängig vom Inhalt, innerhalb des Glases am besten. Denn was auch immer sich darin befinden mag, hat offensichtlich ermöglicht, dass Jana bisher überlebt hat. Also sorgt das Gehirn mit dem Deckel dafür, dass alles so bleibt, wie es ist. Ob außerhalb des Glases die gesunde Partnerschaft, das tolle Umfeld oder die Zufriedenheit im Leben lockt, spielt dabei keine Rolle. Was außerhalb des Glases ist, ist unbekannt und Unbekanntes bedeutet Gefahr für das Gehirn. Lieber in der toxischen Ehe bleiben als etwas Unbekanntes und damit potenziell Gefährliches wagen.
Auch du sitzt in so einem Glas und der Deckel ist da, um dich dort drinnen festzuhalten. Er steht für all deine limitierenden Gedanken, deine Selbstkritik, deine Ängste, deine Selbstzweifel. Sobald du dich traust, an die Welt außerhalb des Glases zu denken, werden es zeitgleich auch deine eigenen Gedanken sein, die dich davon abhalten, überhaupt in Erwägung zu ziehen, das Glas zu verlassen.

Glaube also nicht alles, was du denkst,
denn es könnte der Deckel deines Glases sein.

Jana träumt beispielsweise von einer Weltreise. Bereits bevor sie Mann, Kinder und Haus hatte, war das ein großer Traum von ihr, der inzwischen aber eingestaubt ist. Wenn Jana heute mal an ihren Traum denkt, melden sich sofort Gedanken wie »Wie soll das denn gehen?«, »Das kannst du dir doch überhaupt nicht leisten«, »Weltreise mit Kind und Kegel, unmöglich!«. Jana glaubt ihren Gedanken und verwirft die Idee sofort wieder. Der Deckel hält sie zurück.
An manchen Tagen traut sie sich sogar, trotz der limitierenden Gedanken weiterzudenken: »Es gibt doch Familien mit Kind und Kegel, die auf Weltreise gehen.« Doch dann denkt sie sofort wieder: »Na,

die bekommen das auf die Reihe, du hingegen, Jana, wirst das niemals hinbekommen.« Ihr Gehirn leistet ganze Arbeit, um Jana im Glas zu halten, und da sie sich der psychischen Prozesse in ihr nicht bewusst ist, gelingt das auch prima.

Lass uns Janas limitierende Gedanken mal genauer betrachten: Sind diese Gedanken wirklich wahr? Kann Jana mit ihrer Familie rein objektiv betrachtet wirklich nicht auf Weltreise gehen? Genau wie andere Familien würden sie das auch tun können, wenn sie es sich vornehmen würde. Warum auch nicht? Dass Jana diese Gedanken hat, bedeutet nicht zwangsläufig, dass sie wahr sind. Es bedeutet lediglich, dass ihr Gehirn sie innerhalb des Glases halten möchte.

Wir alle sitzen in einem solchen Glas und bei dem einen ist der Deckel fester verschraubt, bei dem anderen weniger. In manchen Situationen sind wir uns dieses Deckels sogar bewusst. Wenn ich mir als Sportmuffel vornehme, einen Marathon zu laufen, dann ist mir durchaus bewusst, dass ich eine harte Zeit vor mir habe. Innerhalb des Glases bin ich der Sportmuffel, der schmerzhafte Prozess mit Disziplin und Muskelkater ist das Überwinden des Deckels und der Marathon liegt außerhalb des Glases. Ohne den Deckel zu überwinden, kann ich das Glas nicht verlassen.

Das gilt für jegliche Veränderung, die wir anstreben. Es gilt immer, den Deckel zu überwinden, wenn wir irgendwohin wollen, wo wir noch nie zuvor gewesen sind. Ein neuartiges Lebensgefühl, ein neuer Ort, neue Gewohnheiten, neue Freunde und anderes Neues – all das liegt außerhalb unseres Glases und um dorthin zu kommen, müssen wir den Weg nach draußen schaffen. Wenn es dir also gerade schlecht geht, bedeutet das nicht unbedingt, dass dein Vorhaben schlecht ist. Es kann genauso gut bedeuten, dass du gerade dabei bist, dein Glas zu verlassen. Wachstum ist immer auch mit Schmerz verbunden, denn Wachstum ist die Überwindung des Deckels. Es trotz all der Zweifel, der Ängste, des Schmerzes zu tun, das ist es, was erfolgreiche Menschen ausmacht. Menschen, zu denen du vielleicht aufblickst, die du

für ihren Mut bewunderst. Auch sie haben ihren Deckel, nur gehen sie anders damit um und auch du kannst das lernen.
Vielleicht ist der Wille, innerhalb der Komfortzone zu bleiben, bei dir auch ganz besonders stark, dein Deckel also extrem fest verschraubt. Es gibt Experimente, in denen man Heuschrecken in ein Glas gesteckt hat. Zu Beginn versuchen sie, dort herauszuspringen, und wenn man sie mit einem Deckel daran hindert, geben sie irgendwann auf und springen nicht mehr. Das Interessanteste nun: Selbst wenn man den Deckel irgendwann offen lässt, versuchen sie es nicht mehr!
Da dich der Deckel auf deinem Glas daran hindert, das zu erreichen, was außerhalb deines Glases liegt, auch wenn du es dir noch so sehr wünschst, führt er wesentlich zu deinen selbstsabotierenden Denk- und Verhaltensweisen. Denn genau das ist Selbstsabotage: zu wissen, dass außerhalb des Glases das Erwünschte ist, und dennoch bewusst oder unbewusst innerhalb des Glases zu bleiben.
Wie aber lässt sich das Ersehnte außerhalb des Glases erreichen? Oder anders gefragt: Wie lässt sich diese Form der Selbstsabotage überwinden? Um den Deckel zu öffnen, brauchst du Bewusstheit:

- Du musst wissen, dass du in deinem Glas sitzt und dein Gehirn sich damit wohlfühlt. Deshalb heißt es Komfortzone.
- Du musst wissen, was sich innerhalb deines Glases befindet.
- Du musst wissen, dass es einen Deckel, ein natürliches Hindernis gibt.
- Und du musst wissen, was außerhalb deines Glases ist und wofür es sich lohnt, diesen Deckel zu überwinden.

Wenn wir uns gleich weitere Ursachen für die Selbstsabotage anschauen, bleiben wir zunächst einmal bei dem Deckel, also bei den hinderlichen und destruktiven Gedanken. Was hat es mit ihnen auf sich und wo kommen sie her?

Die Wohngemeinschaft in deinem Inneren

DAS INNERE KIND UND SEINE GLAUBENSSÄTZE

Jana ist aufgrund ihrer eigenen Gedanken in ihrem Glas gefangen. Wenn man das Ganze näher beleuchtet und diesen Gedanken auf den Grund geht, ist es hilfreich, die sogenannten inneren Anteile hinzuzuziehen. In der psychologischen Arbeit wird häufig mit Metaphern gearbeitet, um die Komplexität der Themen erfassbar zu machen und die Prozesse, die in uns ablaufen, verständlicher werden zu lassen. Eine dieser Metaphern ist die der inneren Anteile. Diese repräsentieren unterschiedliche Emotionen, Überzeugungen, Bedürfnisse oder Rollen und werden in verschiedenen therapeutischen Ansätzen unterschiedlich interpretiert und genutzt. Es gibt das innere Team, den inneren Saboteur, die innere Familie, das innere Kind und viele weitere. Für unsere Zwecke hier möchte ich dir gern den inneren Kritiker, den inneren Erwachsenen und im weiteren Sinne das innere Kind vorstellen. Stell dir diese Anteile wie verschiedene Teile deiner Persönlichkeit vor. Es ist, als hättest du mit ihnen drei Stimmen, ja, drei Personen in deinem Inneren. Eine Art Wohngemeinschaft, die stetig miteinander agiert und dich gewissermaßen auch steuert. Schauen wir zuerst auf das innere Kind. Erinnerst du dich an das Kapitel über Gefühle? Dort hast du gelernt, dass deine Gefühle meist von deiner eigenen Bewertung abhängen. Es gibt unterschiedliche Einflussfaktoren auf dein Bewertungssystem, einer der größten sind deine Prägungen aus der Kindheit. Um das

darzustellen, arbeitet man in der Psychologie mit dem inneren Kind. Deine ersten sechs Lebensjahre spielen eine besonders bedeutsame Rolle für die Person, die du heute bist. Denn in dieser Zeit wurden die Grundlagen für dein Ich gelegt. Dein Gehirn war damals ganz besonders empfänglich für Einflüsse aus deiner Umgebung. Diese Zeit hat wesentlichen und nachhaltigen Einfluss auf deine Persönlichkeit, deine Denkart und deine Verhaltensweisen. Die emotionalen Erfahrungen, die du damals gemacht hast, haben Grundmuster für die Art und Weise, wie du mit Gefühlen umgehst, geschaffen. Es sind neuronale Verbindungen in deinem Gehirn entstanden, die widerstandsfähiger sind als Prägungen aus späteren Lebensabschnitten.
Auch wenn wir längst keine Kinder mehr sind, neigen wir dazu, unsere kindlichen Bedürfnisse und Verletzungen in unser heutiges Leben und unsere vielfältigen Beziehungen mitzunehmen. Das innere Kind versammelt alle Prägungen aus der Kindheit und lebt in uns fort. Es hat positive und negative Prägungen. Relevant für selbstsabotierende Denk- und Verhaltensweisen sind natürlich eher die negativen Prägungen. In der Kindheit hattest du nicht die Möglichkeit, wie ein Erwachsener zu reflektieren, und hast daher gewissermaßen alle Informationen aus deinem Umfeld aufgesaugt wie ein Schwamm, ohne sie zu hinterfragen. Du warst wie ein weißes unbeschriebenes Blatt, das durch Aussagen, Eindrücke und Beobachtungen aus der Umwelt beschrieben wurde. All diese Eindrücke prägen wesentlich deine Überzeugungen über dich selbst, die Welt und die Menschen.

DU GLAUBST ES, ALSO HÄLTST DU ES FÜR WAHR: GLAUBENSSÄTZE

Diese Überzeugungen nennt man auch Glaubenssätze. Gerade die Überzeugungen aus der Kindheit sitzen meist so tief, dass du sie kaum hinterfragst. Sie begleiten dich auch im Erwachsenenalter und haben Einfluss auf viele Lebensbereiche.

Die bekannte Psychoanalytikerin Alice Miller betonte oft, dass wir insbesondere uns selbst im Leben so behandeln, wie wir als Kinder behandelt wurden. Daher ist es spannend, sich zu fragen: Gibt es Dinge, die mir als Kind immer wieder gesagt wurden? Vielleicht »Du bist ein kleiner Tollpatsch«, »Hör auf, ständig zu heulen«, »Ein Indianer kennt keinen Schmerz« oder »Achte auf deine Figur«?

Jeder von uns kennt den ein oder anderen Satz, den unsere Bezugspersonen wie ein Mantra von sich gegeben haben. Überzeugungen, die sie selbst hatten. Den wenigsten ist bewusst, wie machtvoll und folgenreich sie auch für die Kinder werden können, wenn sie diese oft genug wiederholen. Aus ihnen können Glaubenssätze entstehen, die dann auch diese ein Leben lang begleiten. Sie werden Teil des Selbstbildes und haben auf jeglichen Lebensbereich Einfluss.

So wird jemand, der oft genug gehört hat, er solle auf seine Figur achten, möglicherweise kein gesundes und natürliches Körpergefühl entwickeln können. Der Glaubenssatz heißt dann: »Ich bin hässlich.« Aus einem permanentem »Das schaffst du nicht« entwickelt sich möglicherweise ein Mensch, der sich nichts zutraut und sehr unsicher ist. Glaubenssatz: »Ich bin nicht gut genug.« Durch den häufig wiederholten Satz »Als Mädchen musst du dich zurückhalten« entwickelt sich eine Frau, die Probleme hat, Grenzen zu setzen und für sich selbst einzustehen. Glaubenssatz: »Ich bin unterlegen.«

Eine Überzeugung, ein Glaubenssatz ist aber nicht zwangsläufig etwas, das uns konkret gesagt wurde. Er kann auch aus Beobachtungen und Schlussfolgerungen, die wir als Kind gemacht haben, entstehen. Wenn du beispielsweise als Kind beobachtet hast, wie lieblos deine Eltern miteinander umgegangen sind, könntest du daraus geschlussfolgert haben, dass Wertschätzung nicht so wichtig ist. Wertschätzung ist dir vielleicht fremd, auch weil du selbst keine Wertschätzung erfahren hast. Es fällt dir in der Konsequenz schwer, dich selbst

und andere wertzuschätzen. Du trägst die Glaubenssätze in dir, »Ich bin nicht wertvoll« oder »Ich bin nicht genug«.
Ein weiteres Beispiel wäre, wenn die Wertschätzung an eine Bedingung geknüpft wurde. Deine Eltern haben dich beispielsweise nur gelobt und anerkannt, wenn du gute Noten nach Hause gebracht hast. Daraus hast du den Glaubenssatz »Ich bin nur liebenswert, wenn ich Leistung bringe« entwickelt. Du wirst zu einem Perfektionisten. Jede Überzeugung, zu der wir gelangen, jeder Glaubenssatz, den wir in uns tragen, hat Konsequenzen.
Glaubenssätze können wir aber auch außerhalb der Kleinkindzeit entwickeln, durch Erfahrungen in der späteren Kindheit, der Teeniezeit oder auch durch prägende Ereignisse im Erwachsenenalter. Das kann beispielsweise eine Mobbingerfahrung sein, die dazu führt, dass wir uns wertlos fühlen.

Reflektiere

Wie ist das bei dir? Kannst du prägende Sätze oder Erlebnisse aus deiner Kindheit identifizieren? Welchen Einfluss haben sie auf dein heutiges Leben?

Die Erfahrungen und Überzeugungen aus unserer Kindheit führen manchmal auch dazu, dass wir uns von Dingen, Menschen und Umständen angezogen fühlen, weil sie unserem Glaubenssatz entsprechen. Jana beispielsweise hat einige toxische Beziehungen hinter sich. Die Männer waren alkoholkrank, genau wie ihr Vater. Sie hat sich unbewusst von diesen Männern angezogen gefühlt, weil sie in ihr dieselben Gefühle hervorriefen, die sie als Kind zu ihrem Vater hatte. Die Alkoholkrankheit und all ihre Folgen sind etwas, das Jana vertraut ist. Auch wenn diese Erfahrung schmerzhaft war, befindet sie sich innerhalb ihres Glases, innerhalb ihrer Komfortzone.

Vielen Frauen geht es so. Sie binden sich an Männer, die sich genau dem Muster entsprechend verhalten, das sie von ihren Vätern kennen. Zum einen ist da ein Gefühl der Vertrautheit, aber auch der Versuch, das zu reparieren, was in der Kindheit schiefgelaufen ist. Sie glauben unbewusst, heilen zu können, was passiert ist. Die Männer bestätigen den Glaubenssatz »Ich bin nichts wert« und die Frauen versuchen, ihn innerhalb dieser Beziehungen zu widerlegen. Eine Dynamik, die komplex ist und bedauerlicherweise unbewusst abläuft.
Werden den Frauen diese psychischen Prozesse nicht bewusst, leiden sie, trennen sich von einem Partner nach dem anderen und landen am Ende doch wieder beim selben Typ Mann. Sie sind frustriert, traurig und fühlen sich hilflos, verstehen nicht, warum ihnen das immer wieder passiert, und suchen die Ursache und Verantwortung im Außen. Aber sie liegt in ihnen selbst.
Glaubenssätze lenken Gedanken, Gefühle und Handlungen, sie beeinflussen unsere zwischenmenschlichen Beziehungen, nehmen Einfluss auf unseren beruflichen Werdegang und unser Selbstbild. Sie trüben unsere Sicht auf die Welt, unser Umfeld und uns selbst. Sie öffnen Tür und Tor für die Selbstsabotage.

DU SCHÜTZT DICH VOR DEM, WAS DU GLAUBST: SCHUTZSTRATEGIEN

Wenn du glaubst, du seist nicht gut genug, wirst du unbewusst versuchen, genau das zu widerlegen, indem du vielleicht ständig versuchst, deinen Wert unter Beweis zu stellen. Dazu bedienst du dich einer Handlung oder Strategie. Zum Beispiel Perfektionismus. Du schützt dich damit vor dem unangenehmen Gefühl, das dieser Glaubenssatz in dir auslöst. Nach dem Motto: »Wenn ich alles richtig und perfekt mache, dann bin ich für die anderen gut genug.«

Schauen wir dazu wieder auf Jana: Sie hat sich nie geliebt und wertgeschätzt gefühlt. Ihrem Glaubenssatz »Ich bin nichts wert« begegnet sie, indem sie ständig auf der Suche nach dem Gegenteil ist. Früher als Kind hat sie diese Bestätigung bei ihren Eltern gesucht, weil sie ihr natürliches Bedürfnis nach Liebe und Anerkennung befriedigen wollte. Das gelang ihr aber nur, wenn sie richtig gut war und Leistung erbrachte. Das wurde zu einer Strategie: Jana lernte, sich mittels guter Leistungen in der Schule Zuwendung zu holen, den Eltern jeden Wunsch von den Augen abzulesen, nie Nein zu sagen und alles zu tun, was von ihr verlangt wurde. Das war der einzige Weg, wie Jana als Kind bekommen konnte, was sie brauchte: Liebe und Anerkennung. Dieses Verhalten wurde von ihr so verinnerlicht, dass sie es unbewusst auch heute noch an den Tag legt. Mit der Zeit wurde sie immer unabhängiger von ihren Eltern, das Verhalten aber blieb, weil sie es nicht hinterfragte.

Wenn ich von Jana erzähle:
Wie ist das bei dir?

Andere Menschen spielen mit zunehmendem Alter eine immer größere Rolle in Janas Leben. Ihr Verhalten bleibt – Jana versucht weiterhin, Leistung zu erbringen und perfekt zu sein, genauso wie sie es bei den Eltern getan hat, nur tut sie es jetzt gegenüber Partnern, Kollegen, Vorgesetzten, Freundinnen. Auch ihnen macht sie es möglichst recht, widerspricht nicht, versucht, ihnen alles von den Augen abzulesen, und stellt sich selbst ganz weit hintan.

Als Jana ein Kind gewesen ist, war ihr Verhalten eine zwar traurige, aber durchaus sinnvolle und notwendige Schutzstrategie. Sie war auf ihre Eltern angewiesen. Während Hilflosigkeit, Abhängigkeit und Alternativlosigkeit jedoch mit zunehmendem Alter weggefallen sind, ist ihr Verhalten, ihre Schutzstrategie geblieben. Heute ist sie kein Kind mehr, die anderen Menschen sind nicht ihre Eltern und sie ist nicht abhängig von ihnen. Die Strategien, die Jana als Kind entwickelt hat, sind nicht mehr nötig und in vielerlei Hinsicht sogar destruktiv. Jana geht unbewusst davon aus, dass all die anderen Menschen die gleichen Erwartungen an sie haben wie damals die Eltern – aber das ist nicht der Fall. So ist sie gefangen in ihrer Überzeugung.

Ähnlich geht es sehr vielen Menschen und vielleicht auch dir. Manche würden aus demselben Glaubenssatz heraus nur eine andere Strategie wählen als Jana. Sie würden, anstatt sich anzupassen und für alle perfekt sein zu wollen, Distanz wählen, sich aggressiv zeigen und Menschen von sich wegstoßen, nach dem Motto: »Ich bin sowieso nichts wert, bevor mir das bestätigt wird, halte ich die anderen lieber gleich von mir fern.« Auch das ist ein Versuch, sich vor der eigenen Überzeugung und dem damit verbundenen Schmerz zu schützen.

ALTE GLAUBENSSÄTZE ÜBER BORD WERFEN

Während uns unsere Glaubenssätze meist nicht bewusst sind, legen wir die dazugehörigen Schutzstrategien dennoch an den Tag. Wir verhalten uns, als hätten unsere Mitmenschen dieselben Erwartungen an uns wie unsere Eltern oder Bezugspersonen in unserer Kindheit. Wir machen uns das Leben selbst schwer. Wir sabotieren uns.

Reflektiere

Wie ist das bei dir? Welche Überzeugungen stecken hinter bestimmten Verhaltensweisen von dir? Vielleicht bist du ja ein Perfektionist, warum? Was sind deine Glaubenssätze und die dazugehörigen Schutzstrategien?

Ich hoffe, ich konnte dir noch einmal deutlich machen, wie wichtig es ist, sich mit sich selbst und seinen Glaubenssätzen zu befassen. Das Tolle ist nämlich: Wenn du dir deiner Glaubenssätze erst mal bewusst bist, dann kannst du sie verändern. Zuerst musst du dir dafür aber bewusst machen, was dein Gehirn ins Unterbewusste geschoben hat. Mithilfe der Reflexionsfragen im Buch holst du es wieder in dein Bewusstsein.
An dieser Stelle sei auch angemerkt, dass eine Schutzstrategie nicht per se etwas Schlechtes ist. Wie bei allem gilt auch hier: Es kommt auf das Maß an! Viele der Strategien verursachen im Erwachsenenalter mehr Probleme als Nutzen. Es kommt also darauf an, zu verstehen, dass es in dir ein Kind gibt, das an den alten Glaubenssätzen und Schutzstrategien hängt.

DAS INNERE KIND HEILEN

Mach dir unbedingt bewusst, dass die Prägungen aus deiner Kindheit Vergangenheit sind. Du brauchtest die Schutzstrategien damals, als du noch ein Kind und von deinen Bezugspersonen abhängig warst, heute aber nicht mehr. Indem du dir klarmachst, dass du all das auch loslassen kannst und es unbewusste psychische Prozesse sind, die dich daran festhalten lassen, kannst du die Dinge nach und nach verändern. Du kannst entscheiden, es heute als erwachsene Person anders zu machen. Du musst nicht zulassen, dass sich die Dinge, die dir widerfahren sind und die dich negativ geprägt haben, unbewusst durch dein ganzes Leben ziehen. Du kannst sie dir bewusst machen und dann wählen, neu und anders zu entscheiden – gemeinsam mit deinem inneren Kind.
Ich möchte dich an der Stelle gern dazu ermuntern, dein inneres Kind näher kennenzulernen. Nimm dir den Raum und die Zeit für

eine kleine Zeitreise zu ihm. Scanne den QR-Code und lass uns gemeinsam eine Meditation und eine innere Reise zu dir selbst machen, die sehr heilsam sein kann.

Du bist heute für dieses Kind verantwortlich, nicht mehr deine Bezugspersonen von damals. Wenn du an den alten Geschichten festhältst, immer wieder negative Selbstgespräche führst, dich abwertest und von anderen abwerten lässt, die vergangenen Erfahrungen gedanklich wiederholst, ist es, als ob du diesem Kind das Leid von damals weiterhin freiwillig antust. Anstelle deiner Eltern damals bist es jetzt du selbst. Fang daher besser heute an, diesem Kind das zu geben, was es braucht und damals nicht bekommen konnte: Liebe, Wertschätzung, Anerkennung, all das, wonach es sich immer gesehnt hat. Dann kann es die Schutzstrategien von damals loslassen.
Heute kannst du die Rolle übernehmen, die deine Bezugspersonen damals nicht ausreichend erfüllen konnten. Nur du allein bist in der Lage, diesem Kind den Frieden zu geben, den es braucht und den es verdient hat. Übernimm diese Verantwortung und tue es.

Tipp

Hänge dir dazu ein Bild von dir als kleines Kind an einen Ort, wo es immer präsent ist. Denke jedes Mal, wenn du es siehst, an deine Verantwortung gegenüber diesem Kind. Denke auch daran, wenn du dich schlecht behandelst. Mach dir bewusst, dass es dieses Kind ist, das du mit deinen destruktiven Gedanken und Verhaltensweisen abwertest.

DU HAST ES EBEN SO GELERNT: DEINE ERZIEHUNG

Hilfreich bei der Frage rund um die Themen inneres Kind, Glaubenssätze und Schutzstrategien ist es auch, dir einmal Gedanken darüber zu machen, wie deine Eltern dich eigentlich grundsätzlich erzogen haben. Der Erziehungsstil deiner Eltern entspricht ihrer Idealvorstellung davon, wie deine Persönlichkeit werden sollte. Diese Idealvorstellung hängt logischerweise von den Prägungen deiner Eltern ab und entspricht ihrer subjektiven Wahrnehmung. Herkunft, Bildung, soziale Schicht, Kultur und eigene frühe Erfahrungen spielen da mit hinein. All das hat letztlich auch Einfluss auf deine Entwicklung gehabt, positiv wie auch negativ.

In der Theorie unterschiedet man verschiedene Erziehungsstile und deren Konsequenzen für die Persönlichkeit des Kindes. Wurdest du beispielsweise autoritär erzogen, durftest deine Meinungen und Ansichten nicht äußern, ist die Wahrscheinlichkeit hoch, dass du heute Schwierigkeiten hast, deine Bedürfnisse, Meinungen und Ansichten zu kommunizieren und mit anderen Menschen zu teilen.

Durch die Hierarchie in deinem Elternhaus sind hierarchische Strukturen gewissermaßen etwas, das sich innerhalb deiner Komfortzone befindet. Es fällt dir dadurch nicht schwer, dich anderen Menschen unterzuordnen, aber vermutlich auch nicht, eine Machtposition einzunehmen oder sogar deine Macht zu missbrauchen, schließlich weißt du ja bereits, wie das geht. Auch wirst du es gewohnt sein, Lob und Anerkennung nur gegen Gehorsam zu bekommen, was dazu führen kann, dass du einen Perfektionismus entwickelt hast oder die Gewohnheit, es allen Menschen um dich herum recht machen zu wollen. Schließlich hast du das in deinem Elternhaus gelernt.

Vielleicht respektierst du nur Menschen, die autoritär auftreten, und empfindest alle anderen als »Weichlinge«, kannst sie nicht wirklich ernst nehmen, weil sie aus deiner Sicht keine Führungsqualitäten

haben. Doch all das ist nur deine subjektive Wahrnehmung, die von deiner Kindheit und dem Erziehungsstil deiner Eltern geprägt ist.
Oder wurdest du vielleicht sehr antiautoritär erzogen, durftest tun und lassen, was du wolltest, und deine Eltern waren sehr zurückhaltend, nachgiebig und haben dir keinen Rahmen gegeben, innerhalb dessen du zu bleiben hattest? So etwas wie Grenzen und Regeln gab es für dich nicht. Durch diese Art der Erziehung musstest du dich gewissermaßen selbst steuern lernen und viel Eigeninitiative und Verantwortung übernehmen, für die du geistig noch nicht die Reife hattest.

Es nützt nichts, mit der Vergangenheit zu hadern.
Wir alle haben in irgendeiner Form Gutes
und weniger Gutes in unserer Erziehung
erfahren. Und heute haben wir die Chance,
aus all dem das Beste zu machen.

Auch wenn deine Eltern dennoch sehr freundlich und liebevoll im Umgang mit dir waren und du eine schöne Beziehung zu ihnen hattest, kann das dazu führen, dass deine sozialen Kompetenzen eher schlecht sind, weil du nie gelernt hast, Rücksicht zu nehmen und dich an Regeln zu halten. Dadurch, dass du deine Bedürfnisse klar äußern musstest, um sie erfüllt zu bekommen, kannst du sie heute gut kommunizieren und durchsetzen. Da sich deine Welt aber überwiegend um dich selbst und deine Bedürfnisse dreht, hast du womöglich Probleme, Kompromisse mit anderen Menschen einzugehen oder Verantwortung für dein eigenes Handeln zu übernehmen. Du hast Schwierigkeiten, dich in der Gesellschaft, die nun mal durch Regeln und Normen funktioniert, einzufügen.
Weniger »problematisch« im Hinblick auf Selbstsabotage und negative Konsequenzen für dein Erwachsenenleben wäre ein sogenannter

demokratischer oder autoritativer Erziehungsstil gewesen. Weder zu streng noch zu locker, ein guter Mittelweg zwischen den beiden Extremen. Während es Anforderungen, Regeln und einen Handlungsrahmen für dich gab, war da gleichzeitig die Möglichkeit, gehört zu werden und mitzubestimmen. Du konntest deine Meinung einbringen und die Regeln hinterfragen, die du befolgen solltest. Möglicherweise durftest du sogar mitbestimmen, wie die Regeln und auch Konsequenzen bei Nichteinhaltung aussehen würden. Du wurdest unterstützt und als wertvoll behandelt, vor allem aber als Individuum wahrgenommen und akzeptiert. Du konntest lernen, Verantwortung zu übernehmen, und dich frei entfalten. Alles Dinge, die deinen Selbstwert stärkten, dich wachsen ließen und dich dazu befähigten, gut mit anderen Menschen umzugehen. Ein Erziehungsstil, der förderlich für deine Persönlichkeitsentwicklung war und ist. Der aber gleichzeitig auch viel von den Eltern abverlangt hat, weil es sehr viel Geduld, Disziplin und Reflektiertheit braucht, um das im Alltag umsetzen zu können. Es bedurfte immer neu einer bewussten Entscheidung.

> **Reflektiere**
>
> Wie haben dich deine Eltern erzogen? Und welche Konsequenzen hat das für dein heutiges Leben?

Jede Bezugsperson eines Kindes muss letztlich entscheiden, wie sie das Kind erziehen möchte. Die meisten tun es nach der eigenen Intuition, kopieren das, was sie bereits kennen und bei ihrer eigenen Erziehung erlebt haben. So funktionieren wir Menschen nun mal. Die wenigsten reflektieren über die Erziehungsstile im Detail und treffen darauf basierend eine Entscheidung.
Wenn du dich also fragst, wie deine Eltern das gemacht haben, und dich dabei erwischst, wie du das bewertest, und sie dafür verurteilst,

behalte immer im Hinterkopf: Eltern lieben grundsätzlich ihre Kinder. Alle Eltern geben ihr Bestes und wollen im Normalfall auch das Beste für ihr Kind. Das gilt für alle Erziehungsstile gleichermaßen. Wenn du also beispielsweise streng erzogen wurdest, dann waren deine Eltern möglicherweise ehrlich davon überzeugt, dass das so sein müsse und das Beste für dich wäre. Und wie wir gelernt haben, muss nicht alles, wovon wir überzeugt sind, der Realität entsprechen. Auch wenn es Ausnahmen gibt, bestätigen diese die Regel.
Die älteren Generationen sind oftmals weniger reflektiert als die jüngeren. Sie hatten oft nicht das Privileg und den Wohlstand, sich so ausgiebig mit diesen Themen zu befassen, wie wir das heute können. Sie waren oftmals damit beschäftigt, andere Grundbedürfnisse wie ein Dach über dem Kopf, Nahrung und Schutz sicherzustellen. Für ausführliche Gedanken über den Erziehungsstil und die langfristigen Konsequenzen für das Kind war kein Raum. Außerdem war es nicht üblich, sich mit mentaler Gesundheit und Persönlichkeitsentwicklung auseinanderzusetzen, so wie wir das heute tun. Es ging vielmehr darum, dass das Kind später in der Lage ist, sich in die herrschenden Gesellschaftsstrukturen, die Kultur und deren Normen und Werte einzufügen. Dass es gute Noten, einen guten Abschluss, einen guten Job und letztlich ein vermeintlich gutes Leben für sich aufbauen kann und einen adäquaten Platz in der Gesellschaft findet.

Sei also nachsichtig mit deinen Eltern, auch sie laufen mit ihrem persönlichen Filter durch die Welt und handeln dementsprechend.

Immer können auch Dinge, die gut gemeint waren, letztlich zu negativen Konsequenzen für das Kind führen. Nehmen wir an, deine Bezugspersonen waren immer sehr auf deine Sicherheit bedacht. Sie haben dir alles abgenommen und dir damit aber nicht genug Raum gegeben, dich selbst auszuprobieren und deine Selbstwirksamkeit zu spüren. In der Konsequenz wurdest du zu einem sehr unsicheren Menschen, was wiederum viele negative Auswirkungen auf die verschiedensten Lebensbereiche haben kann. Deine Eltern hatten nur deinen Schutz im Sinn. Die langfristigen Folgen, die diese grundsätzlich liebevolle und schützende Absicht haben wird, konnten sie wahrscheinlich nicht absehen.

DER MIETNOMADE: INNERER KRITIKER UND HEAD OF SELBSTSABOTAGE

Erinnerst du dich an die Wohngemeinschaft in deinem Kopf? Das innere Kind hast du ja kennengelernt, als Nächstes möchte ich dir den zweiten Mitbewohner vorstellen: deinen inneren Kritiker. Kennst du diese Stimme in deinem Kopf, die dir gern mal sagt, wie dumm, tollpatschig, unfähig, hässlich und schlechter als alle anderen du bist? Die sich hauptsächlich meldet, sobald etwas schiefläuft, um dir direkt Vorwürfe zu machen? Wenn du bisher dachtest, diese Gedanken seien legitim, und dich mit ihnen identifiziert hast, dann darf ich dir nun freudig mitteilen, dass diese Gedanken eigentlich nicht so richtig zu dir gehören und in der psychologischen Arbeit eine Bezeichnung haben. Sie stammen von deinem inneren Kritiker!

Er ist Teil der Wohngemeinschaft in deinem Kopf, den man lieber loswerden würde. Der Mietnomade, der nur Chaos hinterlässt und dir das Leben schwermacht. Er ist der »Kopf deiner Selbstsabotage« und sitzt genau am Deckel deines Glases. Ihn gilt es zu überwinden, wenn du das Glas verlassen möchtest. Ihm entstammen all diese kritischen, abwertenden und hässlichen Gedanken, die dir das Leben schwer machen können, ob du sie bewusst denkst oder unterschwellig:

- »Ich bin dumm.«
- »Ich kann das nicht.«
- »Alle anderen sind klüger, schöner, besser, wertvoller als ich.«
- »Mach bloß nix Neues, das schaffst du eh nicht und es ist gefährlich.«

Der innere Kritiker ist sozusagen das Sprachrohr für all deine Ängste, Selbstzweifel und negativen Prägungen. Vielleicht klingt die Stimme auch wie die deiner Eltern, als du noch ein Kind gewesen bist, sagt dieselben Dinge, die du dir damals von ihnen anhören musstest. All deine negativen und destruktiven Prägungen, Erfahrungen und Glaubenssätze drücken sich durch diese Stimme in deinem Kopf aus. Nicht nur die aus deiner Kindheit, sondern deiner ganzen Vergangenheit.

Die Aufgabe des inneren Kritikers ist es, dich zu schützen und innerhalb des Glases zu halten. Leider ist das, was er mit dir macht, häufig kein Schutz, sondern Limitierung, weil all seine Überzeugungen aus der Vergangenheit stammen und darin begründet liegen, dass dein Gehirn eben die beschriebene Vergangenheitsfestplatte ist und gern in der Komfortzone bleiben möchte. Nur weil du irgendwann zu diesen Überzeugungen gekommen bist und bestimmte Dinge in der Vergangenheit ungünstig gewesen sind, heißt das nicht, dass diese Ideen heute noch passen.

Jana beispielsweise war einmal in einen schweren Autounfall verwickelt, was sie ziemlich mitgenommen und traumatisiert hat. Es ist die Stimme des inneren Kritikers, die ihr sagt, sie solle nie wieder in ein Auto steigen, weil sie sonst wieder einen solchen Unfall erleiden würde. Gleichzeitig ist es sehr unwahrscheinlich, dass Jana noch einmal einen schweren Unfall erlebt. Es wäre daher kontraproduktiv, wenn Jana der Stimme folgt und tatsächlich nicht mehr Auto fährt. Sie würde sich damit selbst einschränken – und sabotieren. Hier drückt sich eine Angst in Form der warnenden Stimme aus. Ähnlich wie bei den Glaubenssätzen, dass sie nichts wert sei – einem weiteren Spezialgebiet ihres inneren Kritikers.

Solange Jana sich mit dieser Stimme identifiziert, alles für wahr annimmt, was der innere Kritiker ihr erzählt, wird sie sich selbst sabotieren. Viele Menschen und vielleicht auch du nehmen diese Stimme für bare Münze. Sie überlassen dem inneren Kritiker dadurch das Ruder und sind dann gefangen in ihren destruktiven Gedanken, in ihrem Glas. Je mehr Raum der innere Kritiker in deinem Kopf hat, desto unzufriedener wirst du mit dir selbst und deinem Leben sein. Manchmal sind unsere eigenen Gedanken unser größter Feind.

Stell dir den inneren Kritiker mal als eine dritte Person vor. Jemand, der tagtäglich an deiner Seite ist und dir ständig erzählt, was du alles nicht kannst, wie dumm und hässlich du eigentlich bist und was du sowieso nicht imstande bist zu tun. Jemand, der dich ständig kritisiert und zurückhält, dich beleidigt und kleinmacht. Was würdest du von diesem Menschen halten? Wie lange würdest du wohl zulassen, dass die Person dich so behandelt? Das hätte schon irgendwie was von Mobbing oder was denkst du?

Reflektiere

Wie ausgeprägt ist die innere kritische Stimme bei dir?
Was erzählt sie dir so?

Lerne, deine Gedanken kritisch zu hinterfragen. Vieles stammt aus alten destruktiven Prägungen und ist schlicht nicht wahr! Glaube nicht alles, was du denkst. Vieles von dem, was du denkst, schadet dir, wenn du es glaubst. Akzeptiere keine negativen Selbstgespräche mehr. Schätze dich selbst wert und höre auf, abschätzig mit dir selbst zu sprechen. Wer kennt es nicht? Es passiert uns ein Missgeschick und, zack, meldet sich die Stimme: »Mann, bin ich ein Tollpatsch!

Wie dumm von mir! Wie kann man sich nur so anstellen? War ja klar, dass mir das wieder passieren muss.« Aktiviere deine Antennen für solche Gedanken und stoppe sie. Ersetze sie durch positive Sätze und sei liebevoll und wertschätzend im Umgang mit dir selbst. Lass dem inneren Kritiker nicht so viel Raum. Sei selbst Herr oder Herrin deiner Gedanken und lass sie nicht über dich bestimmen.
Denn wenn du dem inneren Kritiker und damit deinen destruktiven Gedanken erlaubst, sich einfach frei zu entfalten, werden sich diese Abwertungen stetig wiederholen und verstärken. Sie können sich dann zu echten Gedankenmustern formen und dich in einer sogenannten Gedankenfalle landen lassen.
Manche von uns verzetteln sich so sehr in ihren destruktiven Gedanken, dass sie in einer Gedankenfalle landen – in subtilen destruktiven Denkstrukturen, die die Wahrnehmung beeinflussen.

GEDANKENFALLE 1: KATASTROPHISIEREN

Es gibt diese Gedankenfallen in unterschiedlicher Gestalt – und es ist hilfreich, wenn du sie kennst, um sie bei dir selbst entlarven zu können. Beginnen wir mit dem Katastrophisieren.
Warst du schon einmal krank und hast deine Symptome gegoogelt? Da wird aus dem kleinen, neu entdeckten Leberfleck schon mal eine potenzielle Hautkrebserkrankung mit Todesfolge. Plötzlich findest du dich gedanklich in den schlimmsten Szenarien wieder – OP, Chemotherapie, Bestrahlung. Du denkst an den Tod und über deine Beerdigung nach. Genau das tun viele Menschen auch ganz ohne Internet. Sie dramatisieren alles und machen jede Maus zu einem Elefanten. Ein kleiner Fehler im Job führt zu Fantasien über den Jobverlust und wie es dann weitergeht – woher kommt dann das Geld? Womöglich wird es dann nichts mehr zu essen geben und man landet als Obdach-

loser auf der Straße. Der kleinste Ehestreit führt zu Gedanken über die Scheidung und wie man sich und die Kinder allein weiter versorgen könnte. Bei der kleinsten Sache springt das Kopfkino an und es spielt sich ein dramatischer Film ab, mit dem schlimmstmöglichen Endszenario, das eintreten könnte. Manche Menschen haben diese Denkweise so lange unbewusst antrainiert, dass sie es nicht einmal mehr merken. Sie katastrophisieren.

Wer in dieser Gedankenfalle festhängt,
lebt gedanklich ständig im Horror.

Jana kennt das auch. Neulich wurde sie zu einer Party eingeladen und anstatt sich zu freuen, begann Jana zu überlegen: »Was, wenn niemand mit mir spricht? Was, wenn mir ein Missgeschick passiert und ich mich blamiere? Was, wenn die anderen mich total doof finden und ich ausgeschlossen werde?« Sie malt sich alle möglichen Katastrophenszenarien aus, nimmt die Einladung letztlich nicht an und bleibt zu Hause. Durch ihre Art zu denken verpasst Jana viele Gelegenheiten, so wie diese Party. Gelegenheiten, Menschen kennenzulernen, wertvolle Beziehungen aufzubauen und dadurch auch ihren eigenen Selbstwert zu stärken. Sie steckt in der Falle des Katastrophisierens fest.

GEDANKENFALLE 2: ÜBERGENERALISIERUNG

Eine andere Form der Gedankenfalle, die du vielleicht auch kennst. Dir passiert ein Missgeschick und du denkst: »Immer muss mir das passieren! Nie kann mal etwas gut laufen! Nie kann ich mal Glück haben im Leben, immer bekomme ich die doofen Aufgaben!« Alles, was passiert, zu einem generellen Problem zu machen, das ist die Gedankenfalle der Übergeneralisierung. Jeder von uns hat schon irgendwann mal in dieser Weise gedacht: ALLES ist schlecht. Es gibt aber Menschen, die es so verinnerlicht haben, das sie fast nur noch so denken. Sie haben ein besonders destruktives Weltbild. Sie schließen von einem Teil aufs Ganze und nehmen unsinnige Verallgemeinerungen vor. Doch wenn jemand unschöne Details so aufbläst, dass ihm gleich das ganze Leben unschön vorkommt, dann wird er es schwer haben, noch das Gute im Leben zu sehen. Und so können Generalisierungen auch zu Vorurteilen, Diskriminierung, Angst, Stress und problematischen Beziehungen führen.

GEDANKENFALLE 3: PERSONALISIERUNG

Andere Menschen sehen sich als Mittelpunkt jeglichen Geschehens. Du erzählst von einem Ereignis, das mit deinem Gegenüber eigentlich überhaupt nichts zu tun hat, und plötzlich erzählt er dir ausführlich von seiner Geschichte. Die Person bezieht alles, was du sagst, auf sich selbst und fühlt sich in allem irgendwie angesprochen. Diese Menschen laufen wie mit einem Scanner durch die Welt und sind ständig auf der Suche danach, was die Dinge, die sie erleben, mit ihnen persönlich zu tun haben könnten. Sie fühlen sich schnell angegriffen, nehmen alles persönlich und fühlen sich oft schuldig, machen sich selbst für alles Mögliche verantwortlich und projizieren diese Gedanken auf ihr jeweiliges Gegenüber. Oft drehen sich ihre Gedanken darum, was andere wohl über sie denken könnten und wie sie wohl dastehen. Ebenfalls eine recht tückische Gedankenfalle.

Entdeckst du bei dir Gedankefallen?

GEDANKENFALLE 4: SCHWARZ-WEISS-DENKEN

Kennst du Menschen, für die etwas entweder nur gut oder nur schlecht sein kann? Sie mögen jemanden oder hassen ihn. »Ganz oder gar nicht« ist ihr Motto und es fällt ihnen schwer, Abstufungen zwischen den Extremen wahrzunehmen. Ihre Gedankenfalle ist das Schwarz-Weiß-Denken. Für sie gibt es nur Recht oder Unrecht, Schuld oder Unschuld, etwas ist wahr oder eben nicht. Nach allem, was wir bisher gelernt haben, ist diese Denkweise denkbar ungünstig, um im Leben gut zurechtzukommen. Denn alles hat zwei Seiten, nichts ist schwarz oder weiß, sondern komplex, mit unzähligen Graustufen dazwischen.

GEDANKENFALLE 5: EMOTIONALES DENKEN

Es gibt Menschen, die ihre Gefühle und ihre emotionale Reaktion als Beweise für ihre Überzeugungen und Gedanken sehen. Das nennt man emotionale Verzerrung. »Ich fühle es, also ist es wahr.« Wie wir bereits gesehen haben, liegt zwischen unserem Gefühl und einem bestimmten Ereignis zunächst einmal unsere eigene Bewertung. Was im Grunde bedeutet, dass unsere Gefühle durch unsere Bewertung und nicht durch das Ereignis entstehen.

Wenn wir direkt vom Gefühl auf den Auslöser schließen, tappen wir bereits in die Falle.

Jana hat neulich von ihrem Chef ein sehr nettes Lob bekommen. Da Jana ein schlechtes Selbstbild hat, löste das Kompliment ein unangenehmes Gefühl in ihr aus. Sie konnte das Lob nicht annehmen, weil sie unbewusst denkt, sie hätte es nicht verdient. Also dachte sie an all ihre Fehler, von denen der Chef nichts weiß, und kam zu dem Schluss, dass er sie nicht loben würde, wenn er davon wüsste. Sie fühlte sich schlecht und hatte Schuldgefühle und Selbstzweifel. Und weil sie diese Gefühle wahrnahm, ging sie davon aus, dass das Kompliment nichts Gutes bedeuten kann. Sie schloss von ihrem Gefühl auf das Ereignis: »Ich fühle mich schlecht, also kann das Kompliment nichts Gutes sein.«

Da Jana in der Kindheit kaum Lob und Anerkennung bekommen hat und im Gegenteil oft kritisiert wurde, fällt es ihr unheimlich schwer, sich selbst in einem guten Licht, als kompetent und erfolgreich zu sehen. Sie ist überfordert mit der Anerkennung ihres Chefs und verzerrt daher die Realität.

Es gibt noch viele andere Gedankenfallen, in denen wir uns verzetteln können. Wir alle personalisieren, generalisieren, denken schwarzweiß und katastrophisieren auch mal. Mit Falle ist jedoch gemeint, dass du dir eine bestimmte Art zu denken so angewöhnt hast, dass sie ganz besonders ausgeprägt bei dir ist und Schwierigkeiten in einem Leben verursacht. Darauf zu achten, lohnt sich sehr.

DER LIEBLINGSMITBEWOHNER: DEIN INNERER ERWACHSENER

Hier kommen wir zum Schlüssel für das Lösen der Selbstsabotage. Hier geht es um den dritten Mitbewohner der Wohngemeinschaft in deinem Kopf, den inneren Erwachsenen. Er steht für deinen rationalen Verstand, er ist der reife, vernünftige und reflektierende Anteil in dir. Mit ihm kannst du klare Entscheidungen treffen und angemessen auf verschiedene Situationen reagieren. Mit ihm kannst du Informationen analysieren, rationale Schlussfolgerungen ziehen, vernünftige

Handlungen durchführen, einen Schritt zurücktreten und die Dinge objektiv betrachten. Er unterstützt dich bei Problemlösungen, hilft dir, Verantwortung zu übernehmen, Emotionen zu regulieren und besonnen zu handeln. Er sollte dein Lieblingsmitbewohner in der Wohngemeinschaft werden. Dein rationaler Verstand ist es, der dich beim Lesen dieses Buches reflektieren und nachvollziehen lässt, mit dem du verstehst, dass du dich selbst sabotierst und wieso. Ihn gilt es zu stärken.

Stell dir einmal den inneren Kritiker und den inneren Erwachsenen einander gegenüber vor. Sie befinden sich ständig in einer Art Kampf um den Wohnraum innerhalb der Wohngemeinschaft in deinem Kopf. Wer gerade die Oberhand hat, steuert deine Gedanken, Gefühle und Handlungen. Du selbst bist, insbesondere was das Thema Selbstsabotage angeht, auf der Seite des inneren Erwachsenen und solltest versuchen, ihn zu stärken.

Das tust du bereits mit dem Wissen aus diesem Buch. Je mehr Wissen du dir aneignest und dadurch Unbewusstes zurück ins Bewusstsein holst, desto stärker wird dein innerer Erwachsener. Was der innere Erwachsene nicht weiß, kann er auch nicht im Kampf gegen den inneren Kritiker einsetzen.

Jana trägt den Glaubenssatz »Ich bin nichts wert« in sich. Dieser äußert sich immer wieder durch die Stimme des inneren Kritikers. Wenn Jana sich nicht mit sich selbst befasst, wird sie ihm einfach glauben und sich dementsprechend fühlen und handeln. Sie hat diesem Gedanken nichts entgegenzusetzen. Ihr innerer Erwachsener hat keine Argumente, weil sie ihr schlicht nicht bewusst sind. Befasst sich Jana jedoch mit sich selbst und ihrer Vergangenheit, lernt sie, dass diese Überzeugung aus ihrer Kindheit stammt und nicht wahr ist, dass es diese innere Stimme gibt, die ihr etwas einredet. Sie stärkt damit den inneren Erwachsenen, ihren rationalen Verstand. Beim nächsten Mal, wenn der innere Kritiker sich wieder meldet und sagt »Jana, du kannst das nicht, weil du schwach bist«, kann der innere Erwachsene ihm das ganze Wissen entgegenhalten. Jana kann sich die Situation bewusst machen und wissen: »Dieser Gedanke ist nicht wahr. Ich denke das nur, weil ich als Kind abgewertet wurde.« Es entsteht deswegen kein negatives Gefühl und Jana wird in der Lage sein, das, was sie vorhatte, trotz der Stimme umzusetzen.

Genau das tust du ebenfalls gerade, indem du diese Zeilen liest! Du stärkst deinen inneren Erwachsenen. Durch Wissen: Wissen über dich selbst und die psychischen Prozesse, die in deinem Inneren ablaufen. Du weißt also nun, was Selbstsabotage ist und worin sie begründet liegt. Lass uns daher im nächsten Kapitel konkreter werden und uns typische selbstsabotierende Denk- und Verhaltensweisen anschauen.

Je mehr du dich mit dir selbst befasst,
desto stärker wird dein innerer Erwachsener und desto schwächer
wird gleichzeitig dein innerer Kritiker. Bewusstsein ist der Schlüssel
zu einem zufriedeneren und glücklicheren Leben.

Typische Denk- und Verhaltensweisen: Du sabotierst dich selbst, ...

... WENN DU UNZUFRIEDEN BIST UND DABEI EIN UNBEWUSSTES LEBEN LEBST

In diesem Kapitel geht es um die typischen Denk- und Verhaltensweisen der Selbstsabotage. Ich werde dir die verschiedenen Arten vorstellen und dabei auch gleich lösungsorientiert vorgehen. Unser Ziel ist ja immer, die Selbstsabotage zu beenden – doch dafür müssen wir sie zuerst verstehen.

Alles beginnt mit dem Bewusstsein. Bewusstheit über das eigene Sein und Tun ist der erste und wichtigste Schritt. Grundvoraussetzung dafür, die Sabotage zu beenden, ist es, ein bewusstes Leben zu führen. Doch was heißt das eigentlich: ein bewusstes Leben?

> **Reflektiere**
>
> Würdest du spontan sagen, du lebst ein bewusstes Leben?

Obwohl Achtsamkeit bei immer mehr Menschen im Trend liegt, ist das Leben der meisten eine eher unbewusste Reise. Du erinnerst dich an den Eisberg? Der Großteil des Geschehens liegt unterhalb der Wasseroberfläche und bleibt den Menschen dauerhaft verborgen, wenn sie sich nicht aktiv dafür entscheiden, die Dinge nach oben zu holen und hinzuschauen. Bewusst zu leben bedeutet, sich zu öffnen für die Tiefe deines Seins. Es bedeutet, dass du zumindest anstrebst, nicht nur körperlich, sondern auch emotional und geistig im gegenwärtigen Moment zu sein und dich dadurch von den Automatismen zu lösen, denen du dich bisher unbewusst hingegeben hast. Es bedeutet, jeden Moment bewusst zu wählen, wie du auf eine bestimmte Sache reagieren möchtest. Das Ruder selbst zu übernehmen und nicht mehr deinen Prägungen zu überlassen, wie dein Leben aussehen soll. Es bedeutet Selbstbeobachtung und Selbstreflexion, das Erkennen deiner destruktiven Denk- und Verhaltensweisen, deiner dir bisher unbewussten Überzeugungen. Es heißt, Glaubenssätze und Schutzstrategien ans Licht zu bringen und zu überprüfen, ob sie dir noch dienlich sind und inwiefern sie dein heutiges Leben negativ beeinflussen.

Es ist eine Reise zu dir selbst und dabei auch der Schlüssel zur Entdeckung und Heilung der Wurzeln deiner Selbstsabotage. Es ist eine herausfordernde Reise, deren Belohnungen jedoch unbezahlbar sind. Du bekommst ein tieferes Verständnis von dir selbst und dadurch die Fähigkeit, dir ein Leben zu erschaffen, das deinen wahren Bedürfnissen gerecht wird.

Lass uns an dieser Stelle eine kleine Zeitreise machen: zu deinem künftigen Ich. Stell dir einmal vor, du bist 95 Jahre alt. Du liegst auf deinem Sterbebett und weißt, dass du nur noch sehr wenig Zeit hast. Du denkst über dein Leben nach und stellst dir die Frage: Kann ich diese Erde zufrieden verlassen? Habe ich das Leben gelebt, das ich leben wollte?

Du denkst über all die Ereignisse deiner Lebenszeit nach, über all deine Erfahrungen, Erinnerungen, all die schönen Dinge, und du weißt, all das wird bald für immer und ewig vorbei sein. Du denkst über deine Kindheit nach, deine Bezugspersonen, was du damals vom Leben erwartet hast und wie es sich dann tatsächlich entwickelt hat. Du denkst an all die Türen, die sich dir geöffnet haben, die für dich verschlossen blieben, und auch an die, an denen du vorbeigegangen bist, und was gewesen wäre, wärst du doch durch sie hindurchgegangen. Du denkst an all die lieben Menschen, die dich umgeben und dein Leben bereichert haben, und all das Schöne, was das Leben dir beschert hat. All diese Gedanken formen sich immer wieder zu zwei finalen Fragen:

> **Reflektiere**
>
> Habe ich mein Leben so gelebt, wie ich es leben wollte?
> Kann ich mit einem zufriedenen Gefühl gehen, in dem Bewusstsein, dass mein Leben ein schönes war? Was wären deine Antworten zum jetzigen Zeitpunkt? Kannst du Ja sagen?
> Das Schöne ist, du bist nicht am Ende deines Lebens angelangt. Du hast noch, ganz egal, wie alt du jetzt gerade bist, ein Stück Leben vor dir und dieses kannst du jetzt bewusst gestalten:
> Was sind die Antworten auf die Fragen deines 95-jährigen Ichs? Definiere sie! Was willst du von deinem Leben sagen können, wenn du 95 bist? Mit welchem Gefühl möchtest du dich von deinem Leben verabschieden, wenn es so weit ist?

Es liegt in deiner Macht, ob du dir diese Fragen stellst oder nicht. Ob du dieser Thematik Raum und Zeit widmest. Ob du Entscheidungen triffst, die zu dem Leben führen, das du gern gelebt haben möchtest, oder nicht. Ob du das Ruder in die Hand nimmst und beginnst, selbst zu lenken, anstatt alte Prägungen und deine Vergangenheit bestimmen zu lassen. Du bist der Regisseur deines Lebens, nimm diese Rolle an und lebe sie. Heute kannst du dich entscheiden, ein bewusstes Leben zu leben.
Stell dir vor, du kannst am Ende deines Lebens auf dem Sterbebett liegen und sagen: »Ich habe mein Leben gelebt, ich habe mein Bestes gegeben und ich kann mich nun zufrieden von meinem Leben verabschieden.«

... WENN DU UNZUFRIEDEN BIST UND NICHT WEISST, WER DU BIST

Nehmen wir mal an, wir zwei würden uns irgendwo zufällig begegnen und ich würde dich fragen, wer du bist.

Reflektiere

Bevor du weiterliest: Was wäre dein Antwort? Wer bist du?

Ich vermute, du würdest etwas Ähnliches sagen wie: »Ich bin ... (Name) und ich bin ... Jahre alt, ich arbeite als ..., habe zwei Kinder und einen Ehemann, bin Single, bin ... groß oder klein, habe ... (rote Haare oder ein sonstiges physisches Merkmal).«

Würdest du sagen, dass ich mit diesen Informationen wüsste, wer du bist? Was sagt deine Antwort bereits über dich aus? Schon mal drüber nachgedacht? Sind die Dinge, die wir auf diese Frage üblicherweise antworten, nicht eher Fakten, die von außen kommen? Der Name, den deine Eltern für dich gewählt haben, die Rolle als Mutter oder Vater oder der Beruf, den du erlernt hast. Sagen diese Dinge wirklich aus, wer du bist?

Viele Menschen definieren sich als genau das, was sie auf diese Frage antworten, und machen ihren Selbstwert davon abhängig. Ich bin Mutter, Chef, Vorstandsmitglied, wohlhabend, ein Model. Wir identifizieren uns mit den Rollen, die wir in unserem Leben einnehmen, mit unserem Beruf, dem Status oder das Aussehen – im Positiven wie auch im Negativen. Doch sind diese Dinge wirklich die Antwort auf die Frage, wer wir sind? Wie viel sagen sie über unseren Wert als Mensch und unsere Persönlichkeit aus? Ich glaube, viele Menschen machen ihre Persönlichkeit und ihren Selbstwert genau von diesen Dingen abhängig, und ich glaube, dass sie damit falschliegen. Wir sind so viel mehr.

Doch viele Mütter ziehen ihren Selbstwert ausschließlich aus der Liebe ihrer Kinder. Chefs fühlen sich wertvoll aufgrund ihrer Machtposition. Viele Menschen betrachten sich aufgrund vermeintlicher Privilegen, wie zum Beispiel ihrer Hautfarbe, als wertvoll, und umgekehrt fühlen sich andere aufgrund solcher Dinge minderwertig. Es ist schön, wenn du Privilegien hast, wenn dich andere Menschen lieben oder du im Beruf erfolgreich bist, und unschön, wenn andere dich abwerten. Doch am Ende sagt das alles nicht wirklich etwas über deinen Wert aus.

*Dein Wert ist an keine Bedingung geknüpft.
Nichts von den äußeren Dingen macht dich
besser oder schlechter als andere.*

Was hat das nun mit Selbstsabotage zu tun? Menschen, die ihren Wert im Außen suchen, ihren Selbstwert von der Sicht anderer abhängig machen, neigen viel eher zu Selbstsabotage. Insbesondere dann, wenn sie diese Dinge, die sie sich im Außen erhoffen, nicht bekommen und sich nicht bewusst machen, dass sie sie dort auch nicht bekommen können. Es funktioniert nicht. Sie geben dabei sehr viel Macht an diese Dinge ab, an äußere Umstände und andere Menschen. Doch wenn äußere Faktoren definieren, wer du bist, wer bist du dann, wenn sie wegfallen? Wer bist du ohne deinen Status, deine Kinder, dein Aussehen, dein Bankkonto oder Haus, deinen Job? Und umgekehrt, wer bist du, wenn dein vermeintliches Manko keins wäre?
Bist du nicht vielmehr deine Erfahrungen, Prägungen, deine Gefühle? Deine Stärken und Schwächen, deine Werte, Wünsche, Ziele, Bedürfnisse? Dinge, die viel schwieriger zu benennen sind als ein Name, eine Rolle oder eine Körperbeschreibung. Daher nimm dir einen Moment Zeit und reflektiere.

Reflektiere

Wer bist du wirklich?

Selbstsabotage bedeutet, entgegen den eigenen Bedürfnissen, Wünschen, Werten und Zielen zu leben. Vor der Frage, ob du dich selbst sabotierst, steht also erst mal die Frage, was deine Bedürfnisse, Wünsche, Werte und Ziele überhaupt sind. Wer du im Kern überhaupt bist und was dich ausmacht. Hast du darauf keine konkrete Antwort, ist das ein optimaler Nährboden für die Selbstsabotage. Doch die weiteren Kapitel werden dir helfen, deine Antworten zu finden.

… WENN DU DEINE WERTE NICHT KENNST

Ich könnte dich jetzt auch noch fragen: »Was sind deine Werte?« Hättest du eine konkrete Antwort darauf oder müsstest du erst mal darüber nachdenken? Deine Werte sagen so viel mehr über dich aus als dein Name oder Beruf. Vielen Menschen sind ihre Werte aber überhaupt nicht bewusst, weil sie sich nie genauer damit befasst haben. Werte sind tief in dir verwurzelte Überzeugungen und Einstellungen von dem, was dir wirklich wichtig ist. Sie sind das, was du im Leben als wertvoll und bedeutsam empfindest. Sie sind wie ein Fingerabdruck, weil sie bei jedem Menschen anders und ganz individuell sind. Und sie sind nichts, was du neu erfinden oder definieren musst. Sie sind bereits in dir und es ist wichtig, dass du sie dir bewusst machst. Gerade im Hinblick auf Selbstsabotage, denn alles, was du entgegen deinen Werten tust, führt zu kognitiver Dissonanz, Selbstsabotage und Unzufriedenheit.

Vielleicht werden dir auch direkt Werte einfallen: Freiheit, Gerechtigkeit, Hilfsbereitschaft. Alles tolle Werte, doch Achtung: Fast jeder würde sagen, dass diese Werte auch seine sind. Wer bewertet Freiheit oder Hilfsbereitschaft nicht als positiv? Doch darum geht es hierbei nicht. Wir alle sind uns in vielen Werten einig. Und es geht auch nicht darum, Werte auszuschließen, sondern vielmehr darum, herauszufinden, welche der zahlreichen Werte in dir besonders tief verankert sind. Welche davon machen dich im Kern aus? Welche zeigen sich in deinem Leben immer wieder auf die eine oder andere Weise?

Gerechtigkeit und Hilfsbereitschaft finden die meisten von uns prima, doch in wenigen sitzen diese Werte so tief, dass sie deswegen in ein fernes Land reisen, um dort in einem Waisenhaus zu arbeiten oder als Arzt in Krisengebieten zu helfen. Bei diesen Menschen sind diese Werte so tief sitzend und ausgeprägt, dass man sie als ihre Kernwerte bezeichnen kann.

Was im Kern deine Werte sind, das solltest du für dich herausfinden. Denn glückliche Menschen leben ein werteorientiertes Leben. Deine Werte sind wie Leitplanken auf deinem Lebensweg. Wenn du sie erst mal für dich identifiziert hast, geben sie dir Halt und Orientierung und sie erleichtern dir sehr vieles in deinem Leben. Du kannst sie bei wichtigen Entscheidungen heranziehen, egal ob es sich um einen Arbeitgeberwechsel, eine neue Partnerschaft, Freundschaften oder Wohnsituationen geht.

Wenn deine Entscheidungen und Ziele im Einklang mit deinen Werten stehen, ist es viel wahrscheinlicher, dass du Erfolg hast. Du kannst dich authentischer zeigen, dich mit mehr Integrität verhalten und dich weniger von anderen beeinflussen lassen. Du kannst dich besser gegen negative Einflüsse und Belastungen von außen schützen und besser für dich selbst sorgen. Du kannst deine Werte besser kommunizieren und dadurch tiefere, erfülltere Beziehungen aufbauen und auch besser entscheiden, ob du mit einem Menschen überhaupt eine Beziehung eingehen möchtest.

Wenn du dir noch nie Gedanken darüber gemacht hast und deswegen deine Werte gar nicht kennst, kann es sein, dass du genau aus diesem Grund gerade unzufrieden bist oder ein bestimmtes Problem hast. Denn lebst und handelst du entgegen deinen Werten, fühlst du das in Form eines inneren Konfliktes, einer inneren Leere, von Unzufriedenheit, Frustration, Unsicherheit, Stress oder Anspannung. All das können Folgen eines nicht werteorientierten Lebens sein. Kannst du dich noch an die kognitive Dissonanz vom Kapitel »Ursachen der Selbstsabotage« erinnern? Das ist das Gefühl, das erzeugt wird, wenn du entgegen deinen Werten handelst.
Im Kapitel »Ganz praktisch die Selbstsabotage beenden« findest du eine Werteliste und Erläuterungen dazu, wie du deine Werte identifizieren kannst. Nachdem du das getan hast, kannst du dich fragen, in welchen Lebensbereichen du diese Werte lebst und in welchen dein Leben diesen Werten überhaupt nicht gerecht wird. So hat die Selbstsabotage bald keine Chance mehr. Denn du klärst deine Werte als die Leitplanken auf deinem Lebensweg.

... WENN DU KEINE ZIELE DEFINIERST

Wo führt dein Lebensweg eigentlich hin? Wenn wir Kinder sind, ist es normal, dass wir auf irgendwelche Ziele zusteuern und hinarbeiten. Neue Dinge zu erlernen ist alltäglich und passiert ganz natürlich. Sprechen lernen, laufen lernen, der erste Tag im Kindergarten, dann kommt die Grundschule, ein Abschluss, danach Uni oder Ausbildung, wir lernen immer mehr dazu. Gründen eine Familie, bekommen Kinder, bauen ein Haus. Schritte, die die Natur, aber auch die Gesellschaft vorgibt, die wir nicht hinterfragen und die, während wir sie gehen, dazu führen, dass wir immer weiter wachsen und stetig unsere Komfortzone erweitern.

Mit zunehmendem Alter übernehmen wir das Ruder und definieren unseren Aktionsradius immer mehr selbst. Niemand gibt mehr einen Rahmen vor, was als Nächstes zu folgen hat, zumindest in der Theorie. Für viele Menschen ist das nämlich der Zeitpunkt, ab dem die alten Prägungen, Überzeugungen und das Unbewusste das Steuer führen. Der Autopilot übernimmt immer mehr und man geht eben hin, wo man schon immer hingegangen ist, oder folgt den anderen. Man bleibt in den Routinen und Mustern, die sich über die Jahre eingespielt haben. Es wird zunehmend schwieriger, das Glas zu verlassen. Wir haben es uns innerhalb unserer Komfortzone gemütlich gemacht. Sobald wir an die üblichen Schritte, die beinahe jeder geht, einen Haken gesetzt und scheinbar alles erreicht haben, grüßt fortan täglich das Murmeltier. Neues wird nach und nach zur scheinbar unüberwindbaren Herausforderung.

ZIELE ZIEHEN DICH AUS DEM SUMPF DES EINERLEI

Wir fahren uns fest und es geht uns nicht immer gut dabei. Um aus den alten Mustern auszubrechen und weiter wachsen zu können, sind bewusste Ziele wichtig. Ohne Ziele verschraubt sich unser Glas immer fester. Es sind Ziele, die uns dazu bewegen, überhaupt aus der Komfortzone herausgehen zu wollen. Sie bestimmen auch darüber, was uns begegnet im Leben, worauf wir uns fokussieren.

Wenn ich dich jetzt fragen würde, wie viele Stoppschilder du in den letzten zwei Tagen gesehen hast, könntest du mir das spontan beantworten? Vermutlich nicht. Wenn ich dir hingegen sagen würde: Bitte zähle in den kommenden zwei Tagen alle Stoppschilder, die du siehst, teile mir die Anzahl mit und du bekommst dafür einen Preis – wüsstest du die Antwort dann nach Ablauf der Frist? Höchstwahrscheinlich schon. Du hast dir nämlich vorgenommen, alle Stoppschilder zu zählen.

Du hast dir ein Ziel gesetzt und weißt, wozu du zählst. Genauso funktioniert das auch für andere Dinge in deinem Leben. Dir wird letztlich immer das begegnen, was du erwartest und worauf du dich fokussierst. Unsere Erwartungshaltung spielt eine zentrale Rolle in der Art und Weise, wie wir die Welt wahrnehmen. Sie ist wesentlich für die Dinge, die uns widerfahren. Wenn du ein unbewusstes Leben lebst und dir keine Ziele setzt, sind es deine Überzeugungen, Erfahrungen und Prägungen, die bestimmen, was passiert und wie du es wahrnimmst. Wenn deine Gedanken von negativen Überzeugungen und Glaubenssätzen geprägt sind, wirst du die entsprechenden negativen Dinge im Leben eher wahrnehmen, weil du unbewusst genau danach filterst. Dein Filter und dein Fokus sind negativ eingestellt. Du läufst sozusagen auf Autopilot und überlässt dem inneren Kritiker und ähnlichen inneren Anteilen das Ruder.

Eine negative Erwartungshaltung wird dich auf deinem Weg hemmen und dir Steine in den Weg legen.

Jana mit ihrem Glaubenssatz, sie sei nichts wert, geht zum Beispiel jedes Mal, wenn sie irgendwo eingeladen ist, davon aus, dass andere sie sowieso nicht mögen werden. Ihre Erwartungshaltung beeinflusst ihr eigenes Verhalten, ihr Auftreten ist davon geprägt. Sie gibt sich zurückhaltend, redet kaum, um nichts Peinliches zu sagen, und strahlt insgesamt Unsicherheit aus, was alle anderen natürlich bemerken. Sie reagieren distanziert, weil Jana ihnen das Gefühl gibt, nicht in Kontakt treten zu wollen. Jana wiederum schlussfolgert aus dem Verhalten der anderen: »Wusste ich es doch, keiner mag mich.« Ihr Verhalten führt dazu, dass ihre Erwartung bestätigt wird. Es entsteht ein sich selbst verstärkender Kreislauf. All das findet in Janas Innenwelt statt und hat im Grunde überhaupt nichts mit den anderen zu tun.

Und so ist das bei uns allen. Jede Erwartungshaltung kann zur selbsterfüllenden Prophezeiung werden. Placebo-Effekt, Nocebo-Effekt, all das ist nur möglich, weil unsere Erwartungen so viel Macht haben. Wir machen uns unbewusst sehr oft selbst das zur Realität, was wir erwarten. Vielen Menschen ist das nicht bewusst und dann wirkt es zu ihren Ungunsten. Besonders dann, wenn man sich viele Sorgen macht und damit gedanklich viel in der Zukunft ist. Man erwartet Negatives, stellt sich sogar bildlich vor, was alles schieflaufen kann, und dann treten irgendwann auch genau die Dinge ein, die man befürchtet hat. Nehmen wir an, bei dir steht eine Prüfung an. Du hast Angst, machst dir Sorgen und denkst die ganze Zeit darüber nach, wie es sein wird, wenn du durchfällst, was dann alles Schlimmes passieren wird und wie du dich fühlen wirst. Du spielst das Ganze immer und immer wieder durch und da dein Gehirn nicht unterscheiden kann, ob du wirklich durch die Prüfung gefallen bist oder ob das nur in deiner Vorstellung geschieht, manifestierst du es regelrecht. Du machst dein Gehirn mit der Situation bekannt. Es wird dann alle Eindrücke genau danach filtern und die Wahrscheinlichkeit, dass du in der Prüfung keine gute Figur machst, ist hoch. Du hast deinem Gehirn gewissermaßen ungewollt und unbewusst ein Ziel vorgesetzt.

SETZE DIR BEWUSST POSITIVE ZIELE

Genauso wirken die Mechanismen auch im positiven Sinne. Du kannst diesen Effekt also bewusst zu deinen Gunsten nutzen. Das machst du mit positiven Gedanken, Visualisierungen, mit Meditation, Vision Board … und mit Zielen. Es wird weltweit erfolgreich genutzt und wird auch für dich funktionieren.

Setze dir also Ziele. Das kann alles Mögliche sein: glücklich zu werden, bewusst und achtsam durch die Welt zu gehen, deinen Traumjob zu finden, ein bestimmtes Hobby zu etablieren, dich positiver zu fühlen, besser mit anderen auszukommen – es sind dem keine Grenzen gesetzt. Verstärke das Ganze, indem du es dir so konkret und intensiv wie möglich vorstellst.

Wenn du Ziele hast, gibst du deinem Gehirn Orientierung, eine Richtung, in die es gehen soll. Der Weg dorthin wird gewissermaßen beleuchtet und die Dinge, die dich zu genau diesem Ziel führen können, werden sichtbar für dich. Sie wären sonst im Dunkeln geblieben und so wärst du an Chancen und Türen vorbeigegangen, die für dich wertvoll sein könnten. Wenn das Ziel erst einmal gesetzt ist, erwartest du, es auch zu erreichen, und verhältst dich dementsprechend. Deine Wahrnehmung ist offen für all die Dinge, die dich deinem Ziel näherbringen. Wenn du beispielsweise unglücklich mit deinem Job bist, kannst du entweder den limitierenden Gedanken in deinem Kopf, dem Deckel, dem inneren Kritiker folgen und davon ausgehen, dass du das sowieso nicht ändern kannst. Oder du kannst dir erlauben, über den Deckel hinaus zu denken. Dann setzt du dir trotz der limitierenden Gedanken und Zweifel das Ziel, einen neuen, dich erfüllenden Job zu finden. Allein weil du dieses Ziel formuliert und dir in den Kopf gesetzt hast, werden dir Dinge, die damit zu tun haben, eher auffallen. Plötzlich wirst du in einem Gespräch zufällig aufschnappen, dass jemand von einer bestimmten Stelle spricht, dir werden Stellenanzeigen auffallen. Allein durch die Zielsetzung öffnet sich dein Blick und alles, was dich zu diesem neuen Job führen könnte, wird beleuchtet.

Es ist wie die Eingabe eines Ziels ins Navigationssystem. Ist das Ziel eingegeben, wird dir das Navi den Weg zeigen. Dafür ist es gemacht, oder? Gibst du nichts ein, passiert auch nix.

Möglicherweise aber kennst du deine Ziele gar nicht, du weißt nicht, was du willst. Macht nichts! Das geht vielen Menschen so. Was den meisten von uns hingegen nicht so schwerfällt, ist, zu benennen, was sie nicht wollen. Und das ist gut, denn das kannst du als Brücke zu deinen eigentlichen Wünschen und Zielen nutzen.

Reflektiere

Was genau ist es denn, das dich an deinem aktuellen Leben stört und das du gern anders hättest? Je konkreter du das formulierst, desto besser. Mach dir also eine Liste.
Stell nun jedem einzelnen Punkt, der dich gerade stört, direkt die Alternative gegenüber. Wie hättest du es gern anders? Stören dich beispielsweise deine Rückenschmerzen, dann wäre dein dem gegenüberstehendes Ziel ein gesunder Rücken. Stört dich die schwierige Beziehung zu deinen Eltern, dann wäre dein Ziel eine gute und harmonische Beziehung zu deinen Eltern. So kannst du all deine individuellen Probleme und Herausforderungen im Leben auflisten und ihnen gegenüberstellen, wie du es alternativ gern hättest. So identifizierst du deine eigentlichen Wünsche und Ziele.

Eine weitere Möglichkeit, deinen Wünschen und Zielen näherzukommen, ist, dir noch einmal vorzustellen, du wärst bereits sehr alt und denkst an dein Leben zurück. Frage dich: Was willst du alles von deinem Leben behaupten können, wenn es mal zu Ende ist? Befasse dich ernsthaft und intensiv mit dieser Frage und es wird sich herauskristallisieren, was dir wirklich wichtig ist. Was du gern noch erleben würdest, wo du gern noch hingehen würdest, wie du eigentlich gern deine Beziehungen hättest und vieles mehr.
Aber Achtung, dabei geht es um das Wohin und nicht um das Wie. Vielleicht denkst du dir bei dem ein oder anderen Wunsch, der dir eingefallen ist, dass er sich sowieso nicht realisieren lassen wird.
Wenn wir uns etwas vorstellen, das außerhalb unserer Komfortzone liegt, dann kommt direkt unser innerer Kritiker ins Spiel. Wir stoßen an den Deckel unseres Glases. Die ersten Gedanken, die dir kommen werden, drehen sich höchstwahrscheinlich um das Wie. »Wie soll das

gehen?« Denn wie du gelernt hast, ist dein Gehirn grundsätzlich daran interessiert, dass du in deinem Glas bleibst, und es gehört zu diesem Job, dass es dir als Erstes diese limitierenden Gedanken schickt, wenn du es mal wagst, außerhalb der Komfortzone zu denken. Das hat nichts damit zu tun, dass du diese Ziele in Wirklichkeit nicht erreichen kannst. Es bedeutet zunächst einmal lediglich, dass ein Teil von dir lieber innerhalb dessen bleiben will, was du kennst und was sich bisher bewährt hat. Jana hat sich als Kind gern vorgestellt, Schauspielerin zu sein, hat in ihrem Kinderzimmer Texte aufgesagt und Filmszenen nachgespielt. Manchmal denkt sie heute noch an diesen Traum und wie gern sie einmal vor Publikum stehen und etwas vorspielen würde. Doch jedes Mal, wenn sie daran denkt, denkt sie im gleichen Atemzug, dass dieser Zug längst abgefahren ist, sie viel zu alt ist und als Mutter sowieso nichts mehr machen kann. Sie verwirft den Gedanken. Währenddessen sucht die örtliche Theatergruppe seit Monaten nach jemandem für ihr Team, sie haben bald eine Vorführung in der Stadt und es fehlt noch eine Person. Woche für Woche steht es im örtlichen Nachrichtenblatt, das Jana auch bekommt und liest, doch die Anzeige bleibt ihr verborgen. Ohne das bewusst gesetzte Ziel bleiben ihr die Möglichkeiten, die sie in Wirklichkeit hat, verborgen.
Manchmal ist unser Deckel so fest verschraubt, dass es bereits eine Herausforderung ist, sich überhaupt ein Ziel zu setzen und sich das Träumen zu erlauben. Wenn du dir also Ziele setzt, beginne nicht mit dem Wie. Es geht zuerst um das Wohin. Wohin willst du? Was ist dein Ziel? Wie du es erreichen kannst, das kommt erst im zweiten Schritt. Diese gedankliche Hürde musst du beim Zielesetzen überwinden. Wenn du mit dem Wie beginnen würdest, würden dir deine Ziele höchstwahrscheinlich alle unrealistisch erscheinen.

Merke also: Erst das Ziel, dann der Weg.
Erst das Wohin, dann das Wie.

Der Weg zeigt sich dann, wenn das Ziel gesetzt ist. Und es geht auch gar nicht darum, dass genau das, was wir uns vorgestellt haben, eintritt. Es geht vielmehr darum, erst mal loszugehen und die Türen zu beleuchten, die sich auf dem Weg öffnen. Manchmal hält das Leben sogar etwas anderes, noch Besseres für dich bereit und du landest woanders, als du es dir erträumt hast. Wie Nietzsche sagte: »Ziele nach dem Mond. Selbst wenn du ihn verfehlst, wirst du zwischen den Sternen landen.«

»DER WEG IST DAS ZIEL«

Kennst du diesen Satz? Er weist dich darauf hin, dass du nicht den Fehler machen solltest, dein Lebensglück von deinem Ziel abhängig zu machen. Die Zufriedenheit und das Glück liegen auf dem Weg dorthin. Der Weg ist das, was dir Freude bereiten sollte, die kleinen Schritte, die du tagtäglich auf dein Ziel zugehst. Der Weg ist das wahre Ziel, doch er zeigt sich nur, wenn wir das Ziel setzen.

Viele machen den Fehler und denken, »Wenn ich XY erreicht habe, dann werde ich glücklich sein«. Doch der Moment, an dem du dein Ziel erreichst, ist eben nur ein Moment. Alles, was wir erreichen, bringt nur temporäres Glück und es wird schnell wieder zu unserer Gewohnheit, zu unserer neuen Komfortzone. Das gilt ganz besonders für die materiellen Ziele. Wenn ich mir den lang erträumten Porsche endlich leisten kann und er dann vor meiner Tür steht, wird er schnell zu meiner Normalität und das Glücksgefühl, sich endlich dieses Auto leisten zu können, es zu kaufen, zu fahren und darin sitzen zu dürfen, vergeht wieder. Das bedeutet nicht, dass es sich nicht lohnt, auf dieses Ziel hinzuarbeiten. Doch du solltest auch zufrieden und glücklich sein, während du darauf hinarbeitest, denn das ist dein eigentliches Leben. Es findet im Hier und Jetzt statt, es findet jeden Tag statt, nicht nur in dem einen Moment, an dem du endlich dein Ziel erreicht hast. Behalte das immer im Hinterkopf und genieße den Weg zu deinen Zielen. Ihn solltest du möglichst schön gestalten.

... WENN DU DICH SELBST NICHT WERTSCHÄTZT

Schauen wir uns ein weiteres der vielen Gewänder an, die die Selbstsabotage annehmen kann. Fühlst du dich von anderen Menschen öfter ungerecht behandelt? Triffst du immer wieder auf Leute, die dich nicht wertschätzen, sich von dir distanzieren, nicht loyal sind oder anderweitig dieselben unschönen Muster aufweisen? Hast du das Gefühl, du wirst oft schlecht behandelt, und fragst dich, warum dir das immer wieder passiert?
Jeder von uns möchte sich wertvoll und von anderen geliebt fühlen. Keine Frage. Doch wie steht es eigentlich um die Wertschätzung, die du dir selbst gibst? Die wichtigste Beziehung, die du hast und jemals haben wirst, ist zunächst die zu dir selbst. Du selbst stehst dir am nächsten, nichts und niemand kann das ersetzen. Du stehst jeden Morgen mit dir auf, du gehst jeden Abend mit dir zu Bett, du selbst bist die ganze Zeit bei dir. Nur du allein weißt, wie sich deine Momente auf der Sonnenseite des Lebens angefühlt haben. Und niemand kann den Schmerz, das Leid nachempfinden, das du in deinem Leben durchgemacht hast. Alles beginnt in und mit dir selbst – auch die Art, wie du mit anderen Menschen bist und sie mit dir. Deshalb ist es wichtig, zunächst einmal die Beziehung zu dir selbst unter die Lupe zu nehmen.

Reflektiere

Wie stehst du zu dir selbst? Wertschätzt du dich selbst?

Respekt, Anerkennung, Wertschätzung, Liebe, Akzeptanz, all die Dinge, die du von anderen Menschen erwartest, solltest du in erster Linie für dich selbst haben. Unsere Beziehungen spiegeln in weiten Teilen das wider, was in uns selbst ist.
Viele von uns erwarten, all ihre Bedürfnisse von den anderen erfüllt zu bekommen. Sie haben sich aber nie gefragt, inwieweit sie sich eigentlich selbst darum kümmern. Allein diese Tatsache kann zu Selbstsabotage führen, denn wie könntest du im Einklang mit deinen Werten, Wünsche, Zielen und Bedürfnissen leben, wenn du dich nie ausreichend mit dir selbst und diesen Themen befasst hast? Wenn du ihnen und damit dir selbst keinen Raum und keinen Stellenwert gibst? Wenn du selbst deinen Wert nicht kennst?
Baue erst einmal eine liebevolle Beziehung zu dir selbst auf, indem du dir und deiner inneren Welt genügend Raum in deinem Leben und deinem Alltag gewährst. Sei ganz bewusst dein eigener bester Freund, deine eigene beste Freundin. Bau Selbstvertrauen auf, indem du dir selbst gegenüber einhältst, was du dir vornimmst. Finde so viel wie möglich über dich selbst heraus, baue Selbstbewusstsein auf, Resilienz, Wertschätzung für dich selbst. Du wirst sehen, all das wird dir bald auch vom Außen gespiegelt werden. Solange du diese Dinge nur von deinem Partner und den anderen Menschen in deinem Umfeld erwartest, stehst du dir selbst im Weg.

Denn niemand kann dir das geben, was du dir nur selbst geben kannst: Liebe zu dir selbst.

Wir selbst sind es, die unseren Mitmenschen ein Vorbild im Umgang mit uns sind. So wie wir uns selbst behandeln, so behandeln auch sie uns. Wenn du dich die ganze Zeit weit hinten anstellst und alles und jedem die Priorität gibst, werden andere es dir nachmachen und dich ebenfalls weit hinten hinstellen. Wenn du deinen eigenen Wert nicht kennst, werden andere Menschen ihn auch nicht gut sehen können. Wenn du deine Grenzen nicht kennst, werden sie nicht gesehen und übergangen.

Wenn die Menschen deinen Wert von selbst erkennen, dich wertschätzen und dir Anerkennung und Zuneigung geben, obwohl du dich selbst gegenteilig benimmst, bist du ein Glückspilz in einem wundervollen Umfeld. Leider ist das in den meisten Fällen aber nicht so. Die *people pleaser* unter uns sind meist auch diejenigen, die übergangen, nicht respektiert und nicht wertgeschätzt werden.

Wenn du dich nach innigen, wert- und respektvollen Beziehungen sehnst, fang bei dir selbst an. Denn was in deinem Inneren ist, spiegelt sich auch im Außen wider. Schätzt du dich selbst nicht, können es auch andere kaum schaffen.

… WENN DU DEINEM PARTNER DIE SCHULD GIBST

Das Thema der Wertschätzung bekommt eine ganz besondere Bedeutung, wenn es um eine Liebesbeziehung geht. Auch hier lohnt es sich, genauer hinzuschauen, denn oftmals sind die negativen Dinge, die uns widerfahren, insbesondere wenn sie sich mit verschiedenen Partnern wiederholen, in uns selbst und nicht im anderen begründet. Wenn du in deinem Leben immer und immer wieder gegen dieselbe Wand läufst, und das gilt nicht nur für Liebesbeziehungen, ist die Wahrscheinlichkeit, dass du selbst und nicht die Umstände das Problem sind, sehr hoch. Dann wird es Zeit, mal nachzusehen, ob es links oder rechts der Mauer einen anderen Weg gibt.

Ich hatte dir ja zu Beginn erzählt, dass Jana einige schwierige Partnerschaften hinter sich hat. Eine davon war die Beziehung zu Tarek. Als

Jana und Tarek sich kennenlernten, war alles wunderbar. Die beiden waren wahnsinnig verliebt. Sie hatten die berühmte rosarote Brille auf und – wie am Anfang jeder Beziehung – zeigten sich beide nur von ihrer jeweils besten Seite. Sie verbrachten jede freie Minute gemeinsam. Als die Beziehung sich etwas gefestigt hatte, begann Tarek, sich auch wieder seinen alten Hobbys zu widmen, mehr Zeit mit seinen Freunden zu verbringen und Dinge zu tun, die Jana nicht einbezogen. Er stieß damit bei Jana auf totales Unverständnis. Sie fing an zu klammern, weil sie Angst hatte, ihn zu verlieren. Und je mehr sie klammerte, desto weiter entfernte sich Tarek von ihr. Er konnte nicht verstehen, warum er nicht weiterhin auch Teile seines alten Lebens leben sollte und wieso das für Jana ein Problem war. Jana hingegen fand, dass man eben die allermeiste Zeit gemeinsam verbringt, wenn man in einer Beziehung ist.

Es eskalierte immer wieder zwischen den beiden wegen dieses Themas, bis Tarek sich letztlich entschloss, die Beziehung zu beenden. Es war nicht die erste Partnerschaft von Jana, die aufgrund solcher Probleme gescheitert ist. Jana war damals total frustriert darüber, dass sie immer wieder an die gleichen Typen geriet. Sie dachte: Wenn Tarek sich nur anders verhalten hätte, wäre doch alles prima gewesen. Er war eben nicht der Richtige für sie.

Doch wenn wir genauer hinschauen, hat Janas Problem weniger mit Tarek und den anderen Partnern zu tun. Es liegt in ihr selbst begründet. Jana hat aufgrund ihres mangelnden Selbstwertes ein starkes Bedürfnis nach Nähe. Das versucht sie sich stets zu erfüllen. Sie trägt den Glaubenssatz »Ich bin nicht wertvoll« in sich, weil sie in ihrer Kindheit keine Wertschätzung erfahren hat und ihre Eltern unberechenbar waren. Um diese Überzeugung zu entkräften, sucht sie die Bestätigung der anderen durch Nähe und Zuwendung, denn die sagen ihr: »Jana, du bist doch was wert.«

So brauchte sie die unentwegte Bestätigung und immer neue Liebesbekundungen von Tarek. Sie wollte am liebsten der Mittelpunkt seines Universums sein, ständig von ihm gelobt, anerkannt und beschenkt werden und war eifersüchtig, wenn Tarek sich anderen Menschen zuwendete. Janas Bedürfnisse haben im Grunde gar nichts mit Tarek zu tun. Ihr sogenanntes Bindungssystem war einfach übermäßig aktiviert.

Meistens begegnen sich in einer Beziehung auch zwei Bindungssysteme.

Wenn Tarek sich distanzierte, löste das verschiedene Ängste in Jana aus, weil sie einen sogenannten unsicher ambivalenten Bindungsstil hat. Sie klammerte, wurde schnell sauer auf Tarek, weil sie sich viel mehr Nähe wünschte, als sie von ihm bekam. Sein Verhalten versetzte sie gewissermaßen zurück in die Kindheit und setzte alte Mechanismen in Gang. Nur wusste Jana leider nichts davon und dachte, Tarek sei das Problem und die Ursache für ihre Gefühle. Wenn Tarek ihr alles geben würde, was sie bräuchte, dann wäre doch alles prima, dachte sie. Sie gab ihm die Schuld und war sich der Prozesse, die in ihr selbst abliefen, nicht bewusst.

Tarek hingegen ist anders aufgewachsen und geprägt und legte im Gegensatz zu Jana sehr großen Wert auf Unabhängigkeit und Distanz. Er fühlt sich schnell bedrängt und eingeengt und reagiert dann zurückweisend. Es fällt ihm generell schwer, anderen Menschen zu vertrauen, und emotionale Nähe verursacht Unwohlsein bei ihm. Tarek hat einen sogenannten unsicher-vermeidenden Bindungsstil. Sein Bindungssystem ist deaktiviert oder unterreguliert.

Janas Klammern löste bei Tarek Ängste aus, diese wurden aber anders als bei ihr nicht durch Distanz, sondern durch zu viel Nähe geweckt. Tareks Verhalten liegt ebenfalls in seiner Kindheit und seinen Prägungen begründet. Diese lassen ihn denken, dass er sich auf niemanden verlassen kann, dass er sowieso immer wieder enttäuscht wird. Er denkt, er kann nur auf sich selbst vertrauen. Seine Eltern waren emotional unzuverlässig, verschlossen, ablehnend und unsensibel. Das Verhalten, das er heute an den Tag legt und das Jana so störte, hat er sich als Selbstschutz angeeignet. Sie setzte bei ihm ebenso Mechanismen in Gang, die mit ihm und seiner Vergangenheit zu tun hatten. Im Grunde kann man sagen: Jana lief Tarek hinterher und versuchte ihn zu fangen, während er vor ihr weglief.

Das große Problem ist, dass sich weder Jana noch Tarek ihrer Beziehungsmuster und Bindungsstile bewusst waren. Sie wussten davon nichts. In der Beziehung der beiden gab es deshalb sehr viel Disharmonie und Streitigkeiten, obwohl sich die beiden im Grunde ja liebten und sich nichts sehnlicher wünschten als eine funktionierende und liebevolle Beziehung.

Hätten Jana und Tarek um ihre Bindungsstile gewusst, hätten reflektiert und darüber gesprochen, dann wäre die Beziehung wahrscheinlich insgesamt harmonischer und glücklicher gewesen. Beide wären zufriedener, weil sie wüssten, dass der Großteil ihrer Konflikte nichts mit dem jeweils anderen zu tun hat, sondern in ihnen selbst begründet ist. Sie hätten aufhören können, sich gegenseitig die Verantwortung für ihre Probleme zuzuschieben, und die Lösung nicht im jeweils anderen, sondern in sich selbst suchen können.

Sie hätten sicherlich verständnisvoller miteinander umgehen und Kompromisse finden können.

Viele Paare befinden sich in einer ähnlichen Situation und drehen sich mit ihren Problemen stets im Kreis. Viele trennen sich und finden sich in der nächsten Beziehung nach einer Weile in genau demselben Muster wieder, nur mit einem anderen Menschen.

Auch du hast einen bestimmten Bindungsstil, der möglicherweise die Ursache für Schwierigkeiten in deinen Beziehungen ist. Doch auch wenn du Single bist, ist das ein interessantes Thema, denn manche Menschen mit einem deaktivierten Bindungssystem – wie Tarek – bleiben genau deswegen für immer oder zumindest sehr lange Single. Ein guter Grund, näher hinzuschauen, und weiteres Beispiel dafür, wie wichtig innere Arbeit ist, wie wichtig es ist, sich selbst zu kennen. Daher hier gleich das nächste Reflexionsangebot:

> **Reflektiere**
>
> Stehst du häufig vor denselben Problemen in deinen Partnerschaften? Haben diese wirklich etwas mit deinem Partner zu tun?

Neben den erwähnten Bindungsstilen von Jana und Tarek gibt es noch zwei weitere – es sind also insgesamt vier:

- sicherer Bindungsstil
- unsicher-vermeidender Bindungsstil (Tarek)
- unsicher-ambivalenter Bindungsstil (Jana)
- unsicher-desorganisierter Bindungsstil

Wenn dich das interessiert, gib gern diese Begriffe in die Suchmaschinen des Internets ein und informiere dich umfassender. Viele von uns weisen Merkmale mehrerer Bindungsstile auf und die Muster können sich im Laufe der Jahre auch ändern. Am besten natürlich deswegen, weil gewünschte Veränderungen gezielt angestrebt und erarbeitet wurden. Ein lohnendes Thema, denn du wirst dabei nicht nur deine Liebesbeziehung besser verstehen lernen, sondern kannst vieles auch auf deine übrigen Beziehungen übertragen.

… WENN DU GENERELL ANDEREN DIE SCHULD GIBST

Auch außerhalb von Liebesbeziehungen denken viele: »Wenn die anderen nicht wären, dann wäre mein Leben so viel schöner, einfacher und besser. Wenn sie endlich anfangen würden, mich besser zu behandeln, zu respektieren und wertzuschätzen. Hätte ich eine schöne Kindheit, liebevollere Eltern und tolle Menschen um mich herum gehabt, wäre mein Leben viel besser verlaufen und ich wäre viel zufriedener.« Wie heißt es so schön? »Hätte, hätte, Fahrradkette.« Die Verantwortung und die Fehler bei den äußeren Umständen und anderen Menschen zu suchen, bedeutet, sich in eine Opferhaltung zu begeben. Doch – bewusst oder unbewusst – sabotierst du dich selbst, solange du dich als Opfer siehst und darauf wartest, dass das Schicksal, das Universum oder sonst etwas sich ändert, damit du dann zufrieden und glücklich sein kannst. Mit dieser Einstellung wirst du das ganze Leben lang warten, denn es wird niemand kommen.

Niemand wird kommen und die Verantwortung für deine Zufriedenheit und dein Glück übernehmen.

Auch das Universum, Gott oder das Schicksal wird dir die schönen Dinge und die Freude im Leben nicht einfach so vor die Füße werfen. Je früher du das verinnerlichst und dich von dieser Vorstellung frei machst, desto besser.

Du bist es, der verantwortlich für dein Leben ist. Du bestimmst, wer sich mit dir umgeben darf, welche Entscheidungen du triffst, welche Wege du beschreitest und welche nicht. Welche Ziele du dir setzt, welche Werte du leben möchtest und und und. Höre auf, die anderen dafür verantwortlich zu machen.

Hast du einen respektlosen Partner oder Menschen im Umfeld, die dich nicht wertschätzen? Setze Grenzen oder trenne dich von ihnen! Geht es dir nicht gut im Beruf? Ändere etwas oder suche dir einen neuen Job! Bist du oft traurig und unzufrieden? Überlege, was dir Freude bereitet, und integriere es in deinen Alltag! Weißt du überhaupt nicht, was dein Problem ist und wie du dir selbst helfen sollst? Dann nimm Hilfe an. Niemand sitzt dir im Nacken und zwingt dich zu den Dingen, die du tagtäglich tust, und den Menschen, mit denen du zu tun hast.
Vielleicht denkst du jetzt: Doch, ich muss ja schließlich Geld verdienen, bin auf meinen Job angewiesen, ich muss die Kinder ernähren, meine Eltern pflegen oder was auch immer es ist, das dich gerade belastet. Aber weißt du was? Wir haben immer drei Optionen im Leben:

Wir können die Situationen
akzeptieren, verändern oder verlassen.

Wähle für jedes Thema, das du hast, eine dieser Optionen. Wenn du dich fürs Akzeptieren entscheidest, weil du keinen anderen Weg für dich siehst, dann akzeptiere. Das bedeutet, dass du es so annimmst, wie es ist. Du gehst nicht in die Opferrolle und beschwerst dich nicht trotz deiner Entscheidung weiterhin darüber! Das kannst du nicht? Dann ändere deine Sicht auf diese Situation, deine Bewertung. Betrachte sie anders. Das kannst du auch nicht? Dann schau, wie du dich aus dieser Situation lösen kannst.
Sei dir immer bewusst, was du über den inneren Kritiker und deine Komfortzone gelernt hast. Dass du denkst, du könntest nichts ausrichten, heißt noch lange nicht, dass du tatsächlich nichts ausrichten kannst. Es ist viel wahrscheinlicher, dass dich deine destruktiven Gedanken und der Drang, innerhalb deiner Komfortzone zu bleiben, zu diesem Glauben bringen.

Du weißt ja: Glaube nicht alles, was du denkst. Wir leben gerade hier bei uns in einer Welt voll unendlicher Möglichkeiten. Wenn du sie für dich nicht siehst, heißt das nicht, dass sie nicht da sind. Sondern vielmehr, dass es für dich wohl unangenehm wäre, sie zu sehen, weil du dann deine Komfortzone verlassen müsstest. Du kannst den Job wechseln, du kannst Grenzen aufzeigen, du kannst Dinge verändern, nur bedeutet es eben Veränderung, hochkommende Ängste, Schmerz, Be- und Verurteilung und Arbeit. All das könnten Dinge sein, die du unbewusst vermeiden willst.

Wir sehen oft keinen Ausweg, weil es einfacher ist, die Augen davor zu verschließen. Denn den Ausweg zu sehen bedeutet eben auch, aktiv werden zu müssen. Es bedeutet, die Komfortzone zu verlassen, den inneren Kritiker zu überwinden, in die Kindheit zu schauen, neue Gedanken zu denken, neue Dinge zu tun, die eigenen Wahrnehmungsverzerrungen und Denkmuster zu hinterfragen und und und. Da erscheint es dem Gehirn verständlicherweise viel einfacher, die Verantwortung auszulagern und zu denken: »Ich kann da nix machen, es liegt an den Umständen.« Aber willst du das?

... WENN DU ALLEN GEFALLEN MÖCHTEST

Menschen respektieren in der Regel Menschen, die sich selbst respektieren. Wenn du anderen ständig erlaubst, über deine Grenzen hinwegzugehen und sich dir von ihrer schlechtesten Seite zu zeigen, ohne dass eine Konsequenz von dir zu erwarten ist, schreckst du sie ab. Wer will schon respektlos, grenzüberschreitend, übergriffig und böse sein und dafür auch noch akzeptiert werden? Wenn die anderen in deinem Umfeld erkennen, dass du genau das zulässt, verlieren sie den Respekt vor dir.

Oft sind es diejenigen, die »nett und lieb« sind, die ausgenutzt und schlecht behandelt werden. Ist dir das schon einmal aufgefallen? Je netter ein Mensch ist, desto weniger Respekt haben andere oft vor ihm. Viele denken: »Wenn ich es nur allen recht mache, mich zurücknehme, mich anpasse und stets die Bedürfnisse der anderen vor meine stelle, dann werde ich gemocht und akzeptiert.« Doch oftmals ist leider genau das Gegenteil der Fall.
Menschen brauchen Grenzen, sie brauchen Reibungsfläche, um selbst wachsen zu können. Das bekommen sie bei dir nicht, wenn du immer zu allem Ja und Amen sagst. Wenn dich das betrifft, ändere deine Sichtweise auf dein Verhalten. Sieh dich selbst in der Verantwortung, anderen Raum zum Wachsen zu geben, indem sie auch an dir lernen dürfen, dass man Grenzen wahren sollte und die Bedürfnisse anderer nicht einfach übergehen darf.
Unabhängig davon ist es anstrengend mit jemandem, von dem man nicht so genau weiß, was er eigentlich will, wo seine Grenzen sind, der keine Meinung hat oder dessen Meinung sich wie ein Fähnchen im Wind immer dem jeweiligen Gesprächspartner anpasst. Die Bedürfnisse müssen erraten werden, weil die Person sie selbst nicht äußert. Es ist wie ein Drahtseilakt, ständig muss man sich fragen, »Will dieser Mensch das oder sagt er es nur, um höflich zu sein? Was denkt er wohl in Wirklichkeit? Habe ich ihn möglicherweise gekränkt?«
Sicher kennst du jemanden, bei dem das genau so ist, bei dem man nie so richtig weiß, was in ihm oder ihr vorgeht. Oder kennst du es auch von dir selbst? Es ist nicht die Aufgabe der anderen, dir deine Bedürfnisse von den Augen abzulesen. Du bist dafür verantwortlich, sie zu kommunizieren und dafür zu sorgen, dass sie ihren Raum bekommen. Niemand kann und wird das für dich übernehmen und solange du das glaubst und darauf wartest, sabotierst du dich selbst.
Du machst dich mit diesem Verhalten zum Rätsel für andere – und wer hat schon Lust, die ganze Zeit Rätselraten zu spielen? Lerne, zu dir selbst, deiner Meinung und Einstellung zu stehen. Zu allem, was

zu dir gehört, zu deinen Macken, Flausen und all deinen schönen Seiten. Zeige, wer du bist. Wenn dir das gelingt, wirst du nicht nur die zu dir passenden Menschen in dein Leben ziehen, du wirst die Liebe und Wertschätzung, die du für dich selbst hast, ausstrahlen und die Menschen werden dir genau das spiegeln. Sie werden dir die Wertschätzung, den Respekt und die Anerkennung einfach so schenken, während du vorher versucht hast, sie dir durch Anpassung und Verleugnung deiner selbst zu erkämpfen. Es ist leicht, du selbst zu sein, denn das ist bereits in dir angelegt, wohingegen es ein knochenharter und undankbarer Job ist, jemand anderen zu spielen, um gemocht zu werden. Du könntest ihn niemals zufriedenstellend ausführen.

Du musst nicht allen gefallen. Du wirst aber allen gefallen, die zu dir passen, wenn du authentisch bist. Befasse dich genauer mit der Thematik des Grenzensetzens – ich komme darauf weiter unten auch noch mal zu sprechen. Wenn du dich hier wiederkennst, ist das umso wichtiger. Denn diejenigen, die allen gefallen möchten, sind meist auch diejenige, die am schlechtesten Grenzen setzen können.

… WENN DU DICH OFT IM RECHT FÜHLST

Auch das kann Selbstsabotage sein, denn wir haben in den allermeisten Fällen nicht allgemein recht, sondern nur aus unserer Perspektive heraus. Es geht im Miteinander daher immer um den Konsens, nicht ums Rechthaben.

Das prägnanteste Beispiel zu diesem Thema, das ich je gesehen habe: Stell dir einen eckigen Tisch vor. Auf dem Tisch steht eine Flasche und ein Glas. Es sitzen vier Menschen um den Tisch herum. Sie werden gefragt: »Was siehst du auf dem Tisch?« Einer von ihnen sieht links die Flasche, rechts das Glas. Sein Gegenüber sieht rechts die

Flasche, links das Glas. Auf der anderen Seite ist einer, der sieht nur die Flasche, weil sie das Glas verdeckt, und der vierte sieht das Glas und dahinter die Flasche. Wer von den vieren hat nun recht?
Dieses Beispiel kann man gut auf die meisten zwischenmenschlichen Konflikte und Diskussionen übertragen. Jeder betrachtet die Dinge aus seiner eigenen Perspektive, alles geht erst mal durch den eigenen Filter, wird bewertet und äußert sich erst dann als Gefühl, Meinung oder Handlung.
Jetzt wirst du vielleicht denken: »Na gut, aber manchmal ist die Sachlage ja völlig klar und ich habe einfach recht.« Manchmal stehen vielleicht einfach zwei Flaschen auf dem Tisch und jemand behauptet, es wären zwei Gläser. Und ja, wenn es um solche banalen und für jedermann offensichtlichen Dinge geht, hast du tatsächlich vielleicht recht. Aber in den allermeisten zwischenmenschlichen Konflikten geht es um viel komplexere Dinge. Es sind gerade die Themen, die eben nicht glasklar sind, über die man in Konflikte und Diskussionen gerät. Die wenigsten Streitigkeiten drehen sich um Banalitäten.
Oft erscheinen uns die Dinge aus unserer Perspektive ganz klar und logisch, sind es für einen anderen Menschen aber überhaupt nicht. Je schneller du das akzeptierst und verinnerlichst, desto unkompliziertere und wertvollere Beziehungen wirst du führen können. Denn je mehr du auf deinem Recht bestehst und es anderen aufzwingen willst, desto augenfälliger ist deine Selbstsabotage in Beziehungen. Du legst damit einen Stein zwischen dich und deine Mitmenschen, die dich beim besten Willen nicht immer verstehen können. Sie sind anders geprägt, nehmen Dinge vielleicht mehr auf einer Beziehungsebene und emotionaler wahr, während du eher ein sachlicher Typ bist und die Dinge deswegen ganz anders betrachtest. Es gibt verschiedene Kommunikationstypen, unterschiedliche Filter, verschiedene Wahrnehmungsverzerrungen. Im Grunde ist es doch erstaunlich, dass wir Menschen überhaupt immer wieder einen Konsens finden und meistens recht gut miteinander kommunizieren können.

Jeder hat das Recht auf seine eigene Sicht und seine eigene Meinung. Respektiere das, auch wenn du sie nicht immer verstehen kannst. Solange du darum kämpfst, dass ein anderer sein »Unrecht« einsieht, begibst du dich wieder in eine Abhängigkeit. Du wartest oder erwartest, dass ein anderer sich ändert, und Menschen ändern sich oder ihre Meinung eben nur dann, wenn sie es wollen, und nicht, weil du das gern so hättest oder dich aufgrund deiner subjektiven Sicht im Recht siehst. Akzeptiere, dass du nicht immer jeden verstehen und von jedem verstanden werden musst und dass zwei Sichtweisen dennoch berechtigt sein können, auch wenn sie nicht übereinstimmen. Es ist leicht, mit Menschen auszukommen, die immer deiner Ansicht sind, viel wichtiger ist es aber, sich in Toleranz gegenüber anderen Sichtweisen zu üben und andere Meinungen zu respektieren. Fokussiere dich lieber darauf als aufs Rechthaben.

Wenn du das schaffst und genau diese Akzeptanz und Wertschätzung der Sichtweise und Meinung des anderen in deiner Kommunikation aufbringst, dann signalisierst du: »Hey, ich bin zwar anderer Meinung, respektiere und akzeptiere aber auch deine.« Damit wirst du bessere und harmonischere Beziehungen zu anderen Menschen aufbauen können. Denn in Konflikten und Meinungsverschiedenheiten geht es auch darum, dass andere sich und ihre Meinung abgewertet sehen, wenn du ihnen nicht zustimmst. Wenn du signalisierst, dass es okay für dich ist, dass auch deren Meinung eine Berechtigung hat und ihr euch nicht einig sein müsst, zeigst du dich offen und ihr könnt eher einen Kompromiss oder Konsens finden. Anderenfalls verhärten sich die Fronten und es wird nur noch schwieriger. Das Ende der Selbstsabotage ist hier also ein Aufeinander-Zugehen.

… WENN DU GRENZEN NICHT WAHRST

Wenn wir über das Thema Grenzen nachdenken, dann kommen uns meist die eigenen Grenzen in den Sinn. Doch was ist eigentlich mit den Grenzen der anderen? Wahrst du diese? Da es hier um Selbstsabotage und damit auch einen selbstkritischen Blick auf die eigene Verantwortung geht, möchte ich mit dem Einhalten der Grenzen anderer beginnen. Und bei dieser Gelegenheit möchte ich auch gleich warnen: Es ist ein Kapitel, das sich möglicherweise beim Lesen unangenehm anfühlt, weil es eine durchaus kritische Sicht auf sich selbst erfordert. Es ist unangenehm, weil wir Menschen gern ein positives Selbstbild haben und kritische Gedanken über uns selbst die schon erwähnte kognitive Dissonanz in uns auslösen können. Doch es lohnt sich, auch mal mit sich selbst ins Gericht zu gehen, gerade beim Thema Selbstsabotage.

Wenn ich aufgrund meiner eigenen destruktiven Denk- und Verhaltensweisen nicht gut mit anderen Menschen zurechtkomme, ist das eine Belastung für meine Lebensqualität, für die ich selbst verantwortlich bin.

Wir alle wollen, dass unsere Grenzen gewahrt werden, und am besten, ohne dass wir etwas dafür tun und diese auch deutlich setzen müssen. Wer sagt schon gern Nein? Es wäre doch viel einfacher, erst gar nicht gefragt zu werden. Oft hört man den Satz: »Na, der/die kann sich doch denken, dass …« Wirklich? Und wie sieht es eigentlich bei dir aus? Denk mal an die Menschen in deinem Umfeld und reflektiere.

Reflektiere

Kennst du die Grenzen deiner Mitmenschen und wahrst diese auch? Liste die Menschen deines engsten Kreises gern einmal auf und überlege genauer:

- Könnte es vielleicht sein, dass notorische Ja-Sager darunter sind und du unsichtbare Grenzen bei ihnen übergehst?
- Bei wem hast du das Gefühl, »Dem muss ich helfen, der kommt ohne mich nicht klar«?
- Welchen Menschen fühlst du dich überlegen?
- Wem gibst du oft Ratschläge? Hat die Person dich darum gebeten?
- Für wen übernimmst du ungefragt Verantwortung?
- Wer könnte ein *people pleaser* sein, der Dinge tut oder toleriert, die er eigentlich nicht möchte?

Möglicherweise übernimmst du Verantwortung für jemanden, ohne dass er dich darum gebeten hat. Überhäufst ihn mit ungebetenen Ratschlägen oder nimmst seine Ansichten und Meinungen nicht ernst? Vielleicht sind auch einige darunter, von denen du insgeheim denkst, dass sie ohne dich nicht klarkämen. Viele von uns sind unbewusst übergriffig, fühlen sich anderen überlegen und denken, die könnten sich selbst nicht helfen. Wir übernehmen fremde Verantwortung, helfen ihnen und machen ihre Probleme zu unseren eigenen. Wir wollen ihnen unsere Lösung für ihr Problem überstülpen, oft, ohne dass sie uns je um Hilfe gebeten hätten. Am Ende ärgern wir uns darüber, dass unsere (unerbetene) Hilfe nicht angenommen und unsere Ratschläge nicht umgesetzt werden.

Deine Antworten auf die obigen reflektierenden Fragen können darauf hindeuten, dass auch du Grenzen anderer übergehst, ohne es zu

beabsichtigen. Denn die meisten wollen nicht belehrt werden. Sie wollen nicht, dass sich ihnen jemand überlegen fühlt. Sie wollen nicht beraten werden, wenn sie nicht danach fragen.
Wenn jemand mit einem Problem zu dir kommt, mach es dir doch besser zur Gewohnheit, erst einmal zu fragen, was dieser Mensch von dir möchte, bevor du ihm mit einem Ratschlag begegnest. Du könntest sagen:

- »Soll ich dir dabei helfen, dein Problem zu lösen?«
- »Wollen wir gemeinsam eine Lösung dafür erarbeiten?«
- »Ich habe eine Idee, wie du das lösen könntest. Möchtest du sie hören?«
- »Soll ich dir nur zuhören?«

Viele wollen einfach ein offenes Ohr. Sich mitzuteilen, verschafft ihnen Erleichterung. Anstatt zuzuhören, preschen die meisten aber vor und offerieren vermeintliche Lösungen und Ratschläge. Doch wie heißt es? Ratschläge sind auch Schläge. Sie können als Tadel oder Bevormundung gewertet werden und dann sind sie grenzüberschreitend gegenüber anderen erwachsenen Menschen, die durchaus in der Lage sind, für sich selbst zu denken. Wann immer du das Bedürfnis hast, jemanden zu beraten, frage dich: Kann ich wirklich besser wissen, was gut für diesen Menschen ist, als er selbst?
Sind wir nicht selbst ständig auf der Suche nach Antworten auf unsere Fragen? Wie können wir besser wissen, was gut für einen anderen Menschen ist, der seinen ganz eigenen Filter und seine Sicht auf die Welt hat? Wir wissen nicht, was er fühlt. Wir wissen nicht, was er durchgemacht hat. Wir wissen nicht, was sein inneres Kind aus ihm spricht. Sei dir dessen immer bewusst, wenn du Verantwortung für andere übernehmen willst und Ratschläge verteilst. Du hast meist nicht recht und du kannst auch nicht wirklich wissen, was gut für einen anderen ist. Das weiß nur er selbst (und meist nicht mal das).

Auch ein Überlegenheitsgefühl, egal aus welchen Gründen, ist respektlos, denn jeder Mensch ist wertvoll, jede Meinung hat eine Daseinsberechtigung, jede Perspektive ist in Ordnung. Niemand von uns ist einem anderen überlegen. Wir sind alle gleichermaßen wertvoll. Oft stellt sich gerade bei Menschen, die viel reflektieren und sich viel mit ihrer inneren Welt und der Persönlichkeitsentwicklung befassen, ein Bedürfnis ein, andere über all ihre wertvollen Erkenntnisse aufzuklären. Es entwickelt sich ein Überlegenheitsgefühl, weil man vermeintlich so viel weiß. Sollte das bei dir der Fall sein, hinterfrage das. Du selbst hast irgendwann bewusst die Entscheidung getroffen, du hättest dich auch anders entscheiden können: für ein unbewusstes Leben ohne Selbstreflexion. Wärst du deswegen anderen Menschen unterlegen gewesen? Wärst du deswegen mehr oder weniger wert?

SICH FÜR ANDERE AUFOPFERN?

Viele Menschen, insbesondere Frauen, sind tagtäglich damit beschäftigt, sich um andere zu kümmern und zu schauen, dass es allen um sie herum gut geht. Sie machen es sich zur Lebensaufgabe, das Wohl der anderen sicherzustellen. Ihr ganzes Leben dreht sich um das Außen. Auf den ersten Blick klingt das ja alles auch ganz schön, nach einem wundervollen Menschen, der bereit ist, sich selbst für andere aufzuopfern. Ein Ausdruck von Liebe für die Mitmenschen. Doch ist es das wirklich?

Jana kümmert sich tagein, tagaus um die Befindlichkeiten ihrer Kinder, ihrer Mutter, ihres Mannes, ihrer Kollegen. Sie stellt sich selbst ganz weit hintan. So weit, dass sie dadurch ihre eigenen Bedürfnisse nicht mal mehr wahrnimmt. Sie denkt, so müsse das eben sein, und wie wir bereits erfahren haben, rührt dieses Verhalten unter anderem auch von Janas Prägungen und alten Überzeugungen her. Es fußt also nicht auf einer Notwendigkeit, sondern ist eher in ihren Glaubenssätzen begründet. Jetzt als erwachsene Frau legt sie noch das gleiche Verhalten an den Tag wie als Kind und ersetzt den Vater nun durch ihren Mann, ihren Chef, ihre Freunde. Sie wendet die Strategie von damals heute auf die Menschen ihres Umfeldes an, obwohl sie weder alkoholkrank sind noch Jana dazu aufgefordert haben. Sie tut es einfach automatisch.

Die Frage an der Stelle ist: Ist das, was Jana da macht, nicht ebenfalls grenzüberschreitend? Sie agiert im Wirkungsbereich der anderen, ohne darum gebeten worden zu sein. Vielleicht hast du selbst auch so jemandem im Umfeld, der dir die ganze Zeit seine Hilfe und Unterstützung aufdrängt, obwohl du sie in Wirklichkeit gar nicht brauchst und auch nicht danach gefragt hast. Möglicherweise nimmst du die Grenzüberschreitung auch wahr und es nervt dich, du sagst aber nichts.

Als Jana ihre erste Wohnung bezogen hat, war es ihre Mutter, die diese Rolle eingenommen hatte. Sie kam ständig vorbei, putzte, kochte und machte die Wäsche für Jana. Ständig wollte sie ihr helfen und für sie da sein und Jana wusste nie, wann ihre Mutter wieder vor der Tür stehen würde, um ihr zu helfen. Einerseits wollte sie nicht undankbar sein und sich über die liebevollen Gesten ihrer Mutter beschweren, andererseits wollte sie aber selbstständig werden und lernen, sich selbst zu versorgen. Ein Dilemma. Manche Menschen stört das auch nicht, andere wiederum nutzen es aus. Es ist also gar nicht so einfach mit den Grenzen.

DEINE EIGENEN GRENZEN

Wenn du selbst die Grenzen anderer Menschen wahrst, kannst du beginnen, dich mit deinen eigenen Grenzen auseinanderzusetzen. Vielen von uns sind diese eigenen Grenzen nicht wirklich bewusst, weil wir uns im Normalfall nicht explizit und aktiv mit diesem Thema auseinandersetzen. Vielmehr ist es so, dass unsere Gefühle – beispielsweise Wut, Enttäuschung, Traurigkeit – uns zeigen, wann jemand unsere Grenze überschritten hat. Auch deshalb ist es wichtig, sich mit den Gefühlen zu befassen, denn dann erfährt man gleichzeitig auch viel über die eigenen Grenzen.

Zunächst einmal solltest du dich fragen, was du persönlich unter Grenzen verstehst und wie du in deiner Kindheit gelernt hast, damit umzugehen. Das hängt ganz davon ab, wie deine Bezugspersonen mit diesem Thema umgegangen sind, was du bei ihnen gelernt oder beobachtet hast. Möglicherweise war der Erziehungsstil deiner Eltern antiautoritär und es gab kaum bis keine Grenzen, weshalb es dir heute schwerfällt, die Grenzen anderer Menschen zu wahren. Oder deine Bezugspersonen hatten einen sehr gesunden Umgang mit diesem Thema und du hast gelernt, wie wichtig es ist, Grenzen anderer Menschen zu respektieren, aber auch deine eigenen klar zu kommunizieren. Oder du bist eher autoritär erzogen worden und es fällt dir leicht, Grenzen anderer zu wahren, deine eigenen kannst du aber schlecht verteidigen und kommunizieren, weil sie in deiner Kindheit keine Bedeutung hatten. Sie wurden viel zu oft übergangen, was für dich zur Normalität wurde.

Reflektiere

Was verstehst du persönlich unter Grenzen? Wie hast du in deiner Kindheit gelernt, Grenzen zu setzen? Welche Rolle spielte das Thema in deiner Erziehung?

Wenn du dir die Frage stellst, wann Menschen deine Grenzen übertreten, lohnt es sich, mal zurück in frühere Konflikte zu gehen und dich zu fragen, was das für Situationen waren, welche Aussagen getroffen und welche Handlungen durchgeführt wurden. Reflektiere, ob es da ein Muster oder Wiederholungen gab. Jetzt, wo du schon mehr über deine Werte gelernt hast, kannst du dich auch fragen, welche Rolle sie bei den Grenzüberschreitungen gespielt haben. Vielleicht ist Toleranz einer deiner Grundwerte und immer, wenn sich jemand fremdenfeindlich äußert, gehst du auf die Palme. Oder Fairness ist einer deiner Hauptwerte und sobald etwas Unfaires geschieht, kommt Wut in dir hoch.

Vielen Menschen fällt es sehr schwer, Grenzen zu setzen, und das liegt an der Bedeutung, die sie dem Thema geben. Sie werten ein Nein oder das Grenzensetzen als etwas Negatives, setzen es damit gleich, jemanden vor den Kopf zu stoßen, zu enttäuschen, gemein zu sein, egoistisch und selbstsüchtig zu sein. Aber das muss es keinesfalls bedeuten. Auch die Dinge, die wir mit einem Nein verbinden, sind größtenteils unserem Filter geschuldet. Wenn wir in der Vergangenheit erfahren haben, dass ein Nein immer brüllend daherkommt, ist es eben das, womit wir es verknüpfen. Wenn wir beobachtet haben, dass es ganz egal ist, ob wir etwas nicht wollen, weil es trotzdem getan wurde, erachten wir es als sinnlos, Nein zu sagen. Wenn wir gelernt haben, dass wir nur anerkannt und geliebt werden, wenn wir Ja sagen, auch wenn wir Nein fühlen, dann verknüpfen wir ein Nein eben damit. Solange wir etwas Belastendes übers Grenzensetzen denken, fällt es uns schwer, es zu tun, weil wir eben ein grundsätzlich positives Selbstbild haben, gute Menschen und zugehörig sein wollen, uns Gedanken darüber machen, was die anderen wohl über uns denken, und so weiter. Hier schließt sich auch wieder der Kreis zu all den Themen, die wir zuvor behandelt haben. Solange wir eine negative Einstellung zum Thema haben, werden wir uns immer schlecht fühlen, wenn es angebracht wäre, Grenzen zu setzen.

> **Reflektiere**
>
> Welche Bedeutung gibst du einem Nein? Wie fühlst du dich, wenn du zu jemandem Nein sagst, und umgekehrt, wenn jemand zu dir Nein sagt?

Wenn es dir schwerfällt und du die genannten negativen Assoziationen zum Nein hast, ist es umso wichtiger, dass du deine Sicht auf Grenzen überdenkst und änderst. Grenzen zu setzen und Nein zu sagen hat ganz im Gegenteil zu diesen Bewertungen unfassbar viele Vorteile und ist etwas Gutes.

Ein Nein zu jemand anderem
bedeutet oft ein Ja zu dir selbst.

Du kannst ganz im Gegensatz zu dem Bild, das viele haben, sehr liebevoll, respektvoll und wertschätzend Grenzen setzen. Grenzen zu kommunizieren ist selbstliebend, es macht dich authentisch, die Menschen wissen, woran sie bei dir sind. Sie respektieren dich mehr. Du fühlst dich besser und wohler, weil du dir selbst gegenüber treu bist. Das steigert deinen Selbstwert und bringt viele weitere Vorteile mit sich. Wenn du deinen Blickwinkel veränderst, bleibt es im Grunde nur noch eine Frage der Kommunikation. Zunächst einmal bedarf eine Grenze deinerseits grundsätzlich keiner Rechtfertigung oder Erklärung.

Ein Nein sollte von jedem respektiert und akzeptiert werden. Wenn dir das Nein aber schwerfällt, überlege dir im Voraus, wie du deine Grenze kommunizieren kannst. Leg dir Sätze oder eine Strategie zurecht. Du kannst auch Nein sagen, ohne Nein zu sagen. Ein Nein kann auf so vielen Wegen kommuniziert werden. Wenn jemand etwas von dir will, kannst du zum Beispiel sagen:

- »Das kann/möchte ich nicht machen, gern etwas anderes.«
- »Ich habe im Moment zu viel anderes zu tun, gern ein anderes Mal.«
- »Ich brauche gerade Zeit für mich.«
- »Bei einer anderen Gelegenheit.«
- »Bei mir geht's nicht. Aber ich helfe dir, jemand anderen für diese Aufgabe zu finden.«
- »Ich habe bereits andere Pläne.«
- »Ich glaube nicht, dass ich die/der Richtige für diese Aufgabe bin.«
- »Ich muss darüber nachdenken und sage dir später Bescheid.«

Hilfreich ist, dass du dir bewusst machst, dass dich niemand um etwas bitten würde, wenn er deine Hilfe nicht als wertvoll erachtet. Dass Menschen auf dich zukommen, ist daher grundsätzlich etwas Positives und das solltest du auch in der Kommunikation deiner Grenze miteinbeziehen und dich dafür bedanken, dass die andere Person an dich denkt.

Manchmal allerdings akzeptieren und respektieren Menschen deine Grenzen nicht, egal, wie höflich und durchdacht du sie kommunizierst. Doch auch in diesen Fällen würde ich dir raten, bei deiner Sachlichkeit zu bleiben und einfach zu wiederholen, was du bereits gesagt hast. Behalte dabei stets im Hinterkopf, dass dein Gegenüber mit einem eigenen Filter durch die Welt geht und dich, in dem Fall deine

Grenze, nicht immer verstehen muss oder kann. Mach dir das immer wieder klar. Deine Grenze, dein Nein kann und wird immer wieder auf Menschen treffen, die ein Nein negativ assoziieren, die es als egoistisch werten. Deine Aufgabe ist es nicht, sie vom Gegenteil zu überzeugen, deine Aufgabe ist lediglich, deine eigene Grenze zu wahren. Den Menschen, die sie nicht verstehen können, kannst du dennoch wertschätzend begegnen und ihnen signalisieren: »Ich weiß, dass du das aus deiner Perspektive anders siehst. Ich erkenne, dass du das aus deiner Perspektive nicht verstehen kannst, aber dennoch möchte ich es nicht machen.« Der Punkt, an dem ein Konflikt entsteht, ist nämlich meist der, an dem andere unsere Grenze nicht respektieren wollen oder können und wir aber gleichzeitig nicht verstehen und akzeptieren wollen, dass sie unser Nein nicht verstehen und akzeptieren. Ein Kreislauf. Wenn du es schaffst, deine Grenze zu setzen, zu kommunizieren und zu akzeptieren, dass sie auf Unverständnis und manchmal auch taube Ohren stoßen kann, dann wird es dir leichter fallen. Solange du hoffst, erst gar nicht gefragt zu werden oder dass dein Gegenüber deine Grenze von allein sieht, wird es immer schwierig sein.

… WENN DU VIEL DARÜBER NACHDENKST, WAS ANDERE DENKEN

Was denken wohl die anderen über mich? Ohne diesen Gedanken wäre unser aller Leben so viel einfacher. Er ist Ursprung für unzählige Schwierigkeiten. Er verursacht so viel Scham, Schuld, Mutlosigkeit, Angst und vieles mehr. Für viele ist er der Grund ihrer mentalen Probleme und Blockaden ihres persönlichen Wachstums. Wir sabotieren uns selbst, weil wir Angst davor haben, was andere über uns denken. Wir richten unser Leben an dem aus, was andere über uns denken könnten.

Wir Menschen haben evolutionsbedingt einen natürlichen Drang, der Gruppe anzugehören. Früher war das überlebensnotwendig, denn es konnte den eigenen Tod bedeuten, von der Gruppe ausgeschlossen zu werden. Diese Angst tragen wir bis heute in uns. Es gibt interessante Experimente, in denen sich Menschen der Meinung der Gruppe anschlossen, obwohl sie ganz klar einer anderen Überzeugung waren. Sie stellten den Willen der Gruppe über den eigenen.
Heute leben wir in einer Welt, in der es nicht mehr überlebensnotwendig ist, einer bestimmten Gruppe anzugehören. Die Angst ist also oftmals unbegründet. Wir könnten uns theoretisch jederzeit von der einen Gruppe lösen und uns einer anderen anschließen. Wir würden nicht sterben. Was aber geblieben ist, ist unser Glas und die Funktionsweise unseres Gehirns. Eine Gruppe zu verlassen bedeutet, die Komfortzone zu verlassen, und welche Auswirkungen das hat, haben wir bereits besprochen. Wenn es uns also schon immer wichtig war, was andere denken, wenn es uns beigebracht wurde und wir uns immer danach ausgerichtet haben, wird es wohl schwer, diesen Gedanken loszulassen. Dennoch ist es nicht unmöglich und deshalb lass uns diesen Gedanken mal genauer unter die Lupe nehmen. Zunächst: Was ein anderer Mensch denkt, geht dich nichts an.

Reflektiere

Sind die Gedanken eines anderen Menschen nicht dessen Privatsphäre? Steht es dir zu, wenn auch nur gedanklich, sinnbildlich im Kopf eines anderen herumzuschnüffeln?

Das ist es doch, was wir tun, wenn wir uns fragen, was der andere wohl denken mag. Wir versuchen zu erraten und zu ergründen, was wohl in dessen Kopf vor sich gehen mag. Als würden wir einfach unerlaubt ein Haus betreten und mal nachsehen, wie es wohl darin aussieht.

Wir deuten einen Blick, eine Handlung, geben ihnen eine Bedeutung und bewerten, was wir meinen, was der andere denkt und tut. Vielleicht schaut mich jemand schief an, räuspert sich, schaut grimmig und ich interpretiere die aus meiner Sicht passenden Gedanken hinein, ohne diesen Menschen je danach gefragt zu haben. Letztlich weiß nur dieser Mensch selbst, was er denkt. Wenn ich spekuliere, schlussfolgere ich nur und kreiere in meinem eigenen Gedankenkino die vermeintlichen Gedanken des anderen.

> **Reflektiere**
>
> Was denkst du, was andere über dich denken, obwohl sie das nie zu dir gesagt haben?

Viele setzen noch einen obendrauf und ziehen aus diesen selbst kreierten Gedanken eine Konsequenz. Jana denkt zum Beispiel, sie sei übergewichtig, was im Idealbild der Frauenfigur in den Medien und anderen Faktoren begründet liegt. Häufig schämt sie sich und fragt sich, was wohl die anderen über sie denken, wobei sie gleichzeitig vermeintlich immer auch schon weiß, was sie denken, nämlich, dass sie dick und hässlich sei. Anlass dafür kann alles Mögliche sein, ein schiefer Blick, eine schlanke Frau neben ihr, ihr neues Kleid, das etwas figurbetonter ist, und ihr Zögern, es zu tragen, der Schwimmbadbesuch und die Blicke der Menschen dort. Oft interpretiert sie einfach, dass es den Menschen um ihre Figur gehen würde, wenn sie sie anschauen. Obwohl alles Mögliche der Grund dafür sein kann, dass jemand schaut, gibt es für Jana nur diesen einen Grund dafür. Jana unterstellt den Menschen also einfach einen Gedanken, obwohl …

- es sie genau genommen nichts angeht, was sie denken, denn wenn sie wollten, dass Jana es weiß, würden sie es sagen und nicht nur denken.
- sie nicht wirklich wissen kann, was diese Menschen denken.

Sie könnten alles Mögliche denken. Vielleicht gefällt ihnen das schöne neue Kleid, vielleicht finden sie Janas Augen wunderschön, vielleicht haben sie einfach schlecht geschlafen und der Blick gilt überhaupt nicht ihr, oder sie bewundern Jana für ihr Selbstbewusstsein, einen Bikini zu tragen, weil sie selbst voller Selbstzweifel sind und sie als Vorbild sehen. Wer weiß das schon? Doch für Jana steht fest: »Die denken alle, ich bin fett und hässlich.«

Da sich Jana in ihrem eigens kreierten Glauben darüber, was die anderen über sie denken, immer neu selbst bestätigt, zieht sie eine Konsequenz: Sie will abnehmen, damit die anderen eben damit aufhören zu denken, was Jana denkt, dass sie denken. Sie setzt sich wiederholt auf Diät, ganz besonders im Frühjahr, wenn die nächste Badesaison ansteht. Sie hungert und hungert, macht monatelang Sport, um die perfekte Bikinifigur zu bekommen. Jana weiß, dass dann niemand mehr denken würde, sie sei fett und hässlich.

Nach monatelangem Verzicht und harter Arbeit hat sie letztlich die Bikinifigur, von der sie geträumt hat. Seither fallen Jana nur noch die positiven Blicke auf. Menschen, die sie anlächeln und wohlwollend anschauen. Wenn sie ihr neues figurbetontes Kleid trägt, bemerkt sie das ganz besonders. Auch jetzt interpretiert Jana wieder selbst, was die Blicke der anderen bedeuten, denn die Menschen sprechen ihre Gedanken nach wie vor nicht aus. Es ist Jana, die dem Ganzen eine Bewertung gibt, diesmal jedoch zu ihren Gunsten: »Die schauen alle nur, weil ich so eine schöne Figur habe.« Megastolz präsentiert sie im Sommer ihren schlanken Körper im Schwimmbad, nimmt nur noch positive Blicke und Gesten wahr und ist glücklich.

Du erinnerst dich an die Auswirkungen der Erwartungshaltung und wie sich Erwartungen oft selbst erfüllen? In der ganzen Zeit ist niemand zu Jana gekommen und hat ihr gesagt, sie sei fett und hässlich oder schlank und schön. Dennoch hat sie sich entsprechend dieser nicht getätigten Aussagen gefühlt. Sie haben ihr Alltagsleben ziemlich maßgeblich mitbestimmt.

Es gab diese Gedanken nur in ihrem Kopf und dennoch hatten sie so starke Auswirkungen.

Stell dir einmal vor, du seist eine der Personen gewesen, die Jana angesehen hat, als sie das figurbetonte Kleid trug. Es hat deine Aufmerksamkeit vielleicht auf sich gezogen, weil du genau dasselbe Kleid im Schrank hängen hast. In keiner Minute hast du an Janas Figur gedacht – und dennoch war sie so frei und hat deinem Blick eine eigene Bewertung angehängt und dir einen Gedanken unterstellt, den du gar nicht hattest. Ist das denn in Ordnung? Würdest du das wollen?
Ich glaube, niemand will das und dennoch ist es genau das, was wir alle tun, wenn wir uns die Frage stellen, »Was denken wohl die anderen über mich?«, und sie uns dann unbewusst selbst beantworten. Die Gedanken der anderen aber gehören zu deren Privatsphäre und gehen uns schlicht nichts an. Wir sollten aufhören, darüber zu spekulieren. Dazu kommt noch ein Punkt, der vielleicht anfangs etwas wehtut, letztlich aber erleichternd ist:

ANDERE MENSCHEN DENKEN NICHT ÜBER DICH NACH

Ja, es ist so. Andere Menschen denken hauptsächlich über sich selbst und ihr eigenes Leben nach. Wir neigen dazu, zu denken, die ganze Welt kreise um uns, das tut sie aber nicht. Unsere eigene Welt kreist um uns. Die der anderen dreht sich um sie selbst.
Wenn du einmal von dir selbst ausgehst und dich fragst, wie viel deiner Zeit und Energie du damit verbringst, über andere Menschen, deren Leben, Entscheidungen, Figuren und Handlungen nachzudenken, insbesondere fremder Menschen – was wäre deine Antwort?

Ich bin mir sicher, dass sich nur ein kleiner, sehr begrenzter Teil deiner Gedanken um das Leben anderer Menschen dreht und du viel mehr damit beschäftigt bist, deine eigenen Angelegenheiten zu bedenken. Wenn wir in die Falle von »Was könnten die anderen über mich denken?« geraten, sollten wir uns immer auch dessen bewusst sein. Es lohnt sich nicht, ständig zu überlegen, was andere wohl über uns denken. Und erst recht nicht, das eigene Leben danach auszurichten. Verschwende deine Energie nicht darauf und lebe dein Leben unabhängig davon, was die anderen denken oder eben nicht denken. Du wirst es ohnehin nicht erfahren.

Nehmen wir mal an, die anderen denken tatsächlich die ganze Zeit über dich, dein Leben, deine Entscheidungen, deinen Körper und deinen Charakter nach. Wäre dann nicht die Wahrscheinlichkeit, dass sie zu dir kommen und es dir auch sagen, sehr gering? Insbesondere wenn es um die Dinge geht, die wir fürchten. Negative Dinge also wie der Gedanke, wir seien fett und hässlich, so wie Jana es befürchtet. Es wird wohl niemand zu ihr kommen und ihr genau das sagen, und das ist auch gut so. Es ist ein weiterer Grund dafür, sich keine Gedanken darüber zu machen, was die anderen über dich denken, denn selbst wenn sie das Übelste denken würden, würdest du es höchstwahrscheinlich nicht erfahren. Was für eine Rolle spielt es dann also? Es ist ein Problem, das du selbst in deinem Kopf kreierst und das in Wirklichkeit keine Relevanz hat und allerhöchstwahrscheinlich überhaupt nicht existiert.

Fazit: Spekuliere nicht darüber, was andere über dich denken! Es lohnt sich schon dreimal nicht. Jedes Mal, wenn du dich bei dem Gedanken erwischst, »Was denkt wohl X über mich, wenn ich y tue?«, mach dir bewusst, dass es

- dich nichts angeht,
- X nicht darüber nachdenkt,
- du es ohnehin nicht erfährst.

Stell dir vor, Jana macht sich das nicht bewusst und verbringt ihr ganzes Leben damit, ihre Figur zu optimieren, voller Selbstzweifel und Selbstkritik, obwohl niemals jemand gedacht hat, sie sei fett und hässlich und es die ganze Zeit eine Illusion war. Eine traurige Vorstellung – und ich bin mir sicher, dass viele Menschen genau so durchs Leben gehen. Mit eigens kreierten negativen Gedanken, die sie anderen unterstellen, obwohl sie selbst der Ursprung für diese Gedanken sind.

Gleiches gilt aber auch für die positiven Dinge. Vielleicht denkst du wie Jana: »Wenn ich abnehme und schlank bin, dann denken alle, ich sei super.« Doch mach dir bewusst, dass auch das nur eine imaginäre Schlussfolgerung in deinem Kopf ist. Bevor du deine ganze Energie und Zeit in dieses Ziel steckst, dass andere Menschen endlich etwas Bestimmtes von dir denken, mach dir klar, dass möglicherweise nie jemand denken wird, was du erwartest, und du die ganze Zeit einer Illusion nachläufst.

Wie viele Menschen verstellen sich, arbeiten auf das dicke Auto, die Markentasche, den einen Chefposten oder das prunkvolle Haus hin, um dann endlich Anerkennung zu bekommen. Um dann endlich von den anderen zu hören: »Wow, wie großartig ist der Porsche, die Figur, die Karriere, die Klamotten, das Leben von X!« Möglicherweise rackerst du dich genau dafür ab und wenn du es vermeintlich geschafft hast, interessiert es trotzdem niemanden. Vielleicht streift dich mal kurz der Neid von irgendjemandem. Aber viel mehr nicht. Weil die meisten Menschen eben einfach nicht darüber nachdenken, was du tust und erreichst. Sie sind nämlich selbst damit beschäftigt, das zu erreichen und zu tun, wovon du dann etwas Positives denken sollst. Was du aber vermutlich auch nicht tun wirst, weil du wiederum nicht allzu sehr über sie nachdenkst.

Und die Lösung? Arbeite auf das hin, was du willst, unabhängig davon, was andere darüber denken. Das ist das einzig Sinnvolle und das, was dich letztlich zufrieden und glücklich machen wird.

… WENN DU DIR KEINE GEDANKEN ÜBER DEIN UMFELD MACHST

Wir haben viel über die anderen gesprochen und ich hatte dich im Kapitel zum Thema Grenzen angeregt, mal die Menschen in deinem Umfeld ganz konkret aufzulisten. Geh gern noch mal zurück zu dieser Reflexion und frage dich: Wie beeinflussen diese Menschen dich und dein Leben?

Eine sehr wichtige Frage, deren Antwort dir bewusst sein sollte, denn dein Umfeld kann einen erheblichen Einfluss auf dich und deine Selbstsabotage nehmen.

Wähle weise, wer regelmäßigen Zugang zu dir haben darf und wer nicht.

Jana war eine Zeit lang Teil einer Clique, in der das wöchentliche Feierngehen obligatorisch war. Man freute sich die gesamte Woche darauf, am Wochenende auszugehen und ausgelassen Party zu machen. Alkohol durfte da natürlich nicht fehlen. Jana hat sich als Kind eigentlich schon geschworen, dass sie nie Alkohol trinken würde. Die Erfahrungen, die sie mit ihrem Vater machen musste, hatten ihr Bild auf Alkohol sehr geprägt. Dennoch handelte sie in dieser Zeit entgegen ihrem eigentlichen Willen und trank wie allen anderen jede Woche mit. Sie hatte ohnehin Schwierigkeiten, Freundschaften zu schließen, und war froh, endlich irgendwo dazuzugehören. Ein ganz klassischer Fall von bewusster Selbstsabotage. Jana handelte entgegen dem, was sie eigentlich wollte, und es lag in ihrem Umfeld begründet. Jana war sehr unglücklich in dieser Zeit, sie fühlte sich immer unwohl dabei und dennoch tat sie es und rechtfertigte es sich selbst gegenüber.

Genauso wie dich deine eigenen Gedanken im Glas gefangen halten können, sind es manchmal auch deine Mitmenschen, die den Deckel mit oder ohne Absicht zuhalten. Die dich daran hindern, aus deiner Komfortzone hinauszuwachsen und zu erreichen, was du dir eigentlich für dein Leben wünschst. Manchmal sind nicht wir selbst das Problem, sondern das Umfeld, in dem wir uns befinden. Das gilt gleichermaßen für unsere Vergangenheit als auch für unsere Gegenwart. Wärst du in einem anderen Land, mit anderen Eltern, anderen Menschen aus anderen Milieus oder Kulturen aufgewachsen, wärst du heute nicht, wer du bist. Genauso ist das in der Gegenwart. Die Menschen, die uns umgeben, prägen unser Leben. Der Unterschied zwischen Vergangenheit und Gegenwart ist: Früher stand es nicht in deiner Macht, zu wählen, heute schon!

Wähle ein Umfeld, das dich dabei unterstützt, das zu erreichen, was du gern erreichen möchtest. Wähle ein Umfeld, das dich unterstützt und gernhat, genau so, wie du bist. Menschen, die dir Energie und das Gefühl geben, dass du in Ordnung bist, so wie du bist. Bei denen du dich nicht verstellen musst und wie in Janas Beispiel Alkohol trinken, um dazuzugehören. Wähle Menschen, die dich inspirieren und die ähnliche Werte haben wie du.

Es gibt eine Menge Leute,
die genau so sind, wie du es dir wünschst.

Auch wenn du sie nicht sehen kannst, gibt es sie! Mach dich auf die Suche nach ihnen. Wenn du konkrete Ziele hast, such dir Menschen, die genau das schon erreicht haben, und mach sie dir zu Mentoren. Möglicherweise fühlst du dich wie ein Einhorn in deinem eigenen kleinen Universum. Wir alle kennen nur eine begrenzte Anzahl von Menschen, und für die meisten von uns ist diese Schnittmenge ein Abbild dessen, wie Menschen eben so sind. Aber das ist absolut nicht richtig. Es gibt so unfassbar viele Menschen da draußen, Menschen, die genauso denken wie du, die das erreichen wollen, was du erreichen willst, die es bereits dorthin geschafft haben.

Geh raus in die Welt und sei offen für neue Kontakte und andere Menschen. Tue aktiv etwas dafür und warte nicht darauf, dass der Zufall dir neue Begegnungen beschert. Jeder Mensch, dem du begegnest, birgt das Potenzial in sich, deinen Horizont zu erweitern. Die Menschen um dich herum können Hindernisse oder Katapulte für deine persönliche Weiterentwicklung sein. Die Wahl liegt bei dir. Gestalte dein soziales Umfeld weise.

Vielleicht denkst du ja: »Ich bin kein Mensch, der sich von anderen beeinflussen lässt. Ich mache mein Ding und was mein Umfeld tut, ist mir egal.« In dem Fall möchte ich dir gern ein paar psychologische Mechanismen vorstellen, die bewirken, dass dein Umfeld durchaus Einfluss auf dich hat – auch wenn du vielleicht meinst, du wärst unbeeinflussbar.

SPIEGELNEURONEN

Du hast Nervenzellen in deinem Gehirn, die aktiviert werden, wenn du beobachtest, was ein anderer Mensch tut. Dieser Effekt führt dazu, dass wir häufig unbewusst die Bewegung nachahmen oder das Gleiche empfinden wie diese Person. Wir stellen unbewusst Symmetrien her mit anderen. Das beste Beispiel ist, wenn jemand gähnt und du automatisch plötzlich ebenfalls gähnen musst. Oder wenn jemand lacht – es bewirkt, dass du unwillkürlich auch lachen musst. Die dafür zuständigen Nervenzellen werden Spiegelneuronen genannt und spielen eine große Rolle in der zwischenmenschlichen Interaktion. Die lieben Spiegelneuronen fragen dich vorher nicht, ob es dir recht wäre, dass das, was dein Gegenüber tut, Einfluss auf dich hat. Es passiert einfach automatisch und du kannst nichts dagegen tun.

GRUPPENZUGEHÖRIGKEIT

Wir Menschen haben evolutionsbedingt einen ganz natürlichen Drang, einer Gruppe anzugehören, und verhalten uns dementsprechend. Darüber hatten wir bereits beim Thema »Was denken wohl die anderen über mich?« gesprochen. Früher war es überlebenswichtig, nicht aus dem Rahmen zu fallen und keinesfalls zu riskieren, von der Gruppe ausgestoßen zu werden. Heute ist es das nicht mehr, unser Verhalten ist aber in großen Teilen genau so geblieben. Es gibt zahlreiche Experimente, in denen wir uns völlig irrational, aber im Sinne der Gruppe verhalten. Wir stimmen den anderen zu, auch wenn wir ganz anderer Meinung sind oder sogar wissen, dass sie sich irren. So wie Jana, die zum Alkohol greift, obwohl sie sich geschworen hat, nicht mit dem Trinken zu beginnen.
Das Wirken der Spiegelneuronen und das Bedürfnis nach Gruppenzugehörigkeit sind nur zwei Effekte von vielen, die bewirken, dass unsere Mitmenschen unser eigenes Verhalten prägen. Ob wir also wollen oder nicht, ob es uns bewusst ist oder nicht, unser Umfeld hat maßgeblichen Einfluss auf uns und kann auch eine Ursache unserer Selbstsabotage sein. Nicht umsonst heißt es:

ZEIGE MIR DEINE FREUNDE UND ICH SAGE DIR, WER DU BIST

Da ist durchaus was dran. Willst du also ein achtsames und bewusstes Leben führen, mach dir auch immer klar, welche Rolle die Menschen dabei spielen, mit denen du dich tagtäglich umgibst.
Aber Achtung: Es geht hier um Selbstsabotage und damit auch um einen kritischen Umgang mit dem eigenen Verhalten und Denken. Vielleicht kennst du diese Aussage: Du bist der Durchschnitt der fünf

Menschen, die dich umgeben. Wer sich mit Persönlichkeitsentwicklung befasst, kommt um diesen Satz nicht herum und er knüpft an die bereits erläuterten Auswirkungen des Umfeldes auf uns an.
Jedoch beobachte ich oft, dass Menschen den Satz falsch interpretieren. Beginne deswegen nicht, jeden aus deinem Umfeld zu eliminieren, der nicht in Einklang mit dir und deiner Einstellung ist. Zu denken, ich entferne mal jeden, der anderer Meinung ist als ich und eine andere Einstellung zu gewissen Dingen hat, aus meinem Leben, das ist zu kurz gedacht. Du weißt ja, dass unsere Sicht auf die Dinge nicht die einzig richtige ist, dass anderer Menschen Sichtweisen ebenfalls eine Berechtigung haben und genauso richtig oder falsch sein können wie deine. Außerdem spielen deine eigenen Konflikt- und Kommunikationsfähigkeiten eine sehr große Rolle in deinen Beziehungen zu anderen Menschen. Ganz egal, mit wem du in Beziehung stehst, wird es früher oder später Meinungsverschiedenheiten und Konflikte geben, was nicht pauschal als negativ zu werten ist. Gerade die innigen und tiefgründigen Beziehungen bergen eine Menge Konfliktpotenzial, aber gleichzeitig auch das Potenzial für Wachstum. In anderen Worten: Wenn ich tiefe Bindungen haben möchte, muss ich mich auch verletzlich zeigen können, und wenn ich das tue, dann bietet sich natürlicherweise auch mehr Fläche für emotionale Konflikte.

Es geht nicht so sehr darum, keine Konflikte zu haben, sondern vielmehr um den Umgang damit und ob man in der Lage ist, auch wieder auf vernünftige Weise gemeinsam in die Harmonie zu kommen.

Es geht also nicht darum, ein Umfeld zu schaffen, in dem es nie Meinungsverschiedenheiten oder Konflikte gibt. Es geht vielmehr darum, ein Umfeld zu schaffen, in dem man sich trotz der Unterschiede respektiert, wertschätzt und sich gegenseitig unterstützt. In dem alle genau so sein können, wie sie eben sind, und dafür geliebt werden. In dem man sich nicht anpassen und verstellen muss und es in Ordnung ist, wenn andere sich genauso wenig anpassen und verstellen. Jeder Mensch hat den Raum, er selbst zu sein. Solche Beziehungen verlangen auch uns selbst einiges ab.

... WENN DU PROBLEME ALS HINDERNISSE SIEHST

Das Leben ist ein Hürdenlauf! Hast du ständig Probleme und das Gefühl, immer passiert dir alles Schlechte? Kaum läuft es rund, steht schon das nächste Dilemma vor der Tür?

Für viele Menschen ist das unheimlich frustrierend, es macht unglücklich, man fühlt sich hilflos und dem Leben mit all seinen Unwägbarkeiten ausgesetzt. Manchmal scheint es so, als ginge es allen anderen besser und sie hätten zumindest nicht ganz so viele Herausforderungen zu meistern. Wie bei Goldmarie und Pechmarie scheint an manchen von uns jedes erdenkliche Problem haften zu bleiben und andere stehen im Goldregen.

Die Wahrheit aber ist: Goldmarie gibt es nicht! Auch wenn viele Menschen versuchen, so zu tun, als wäre ihr Leben ein einziger Goldregen – lass dir gesagt sein, das ist es nicht und die meisten erhalten diese Fassade aufrecht, weil nämlich auch sie sich selbst sabotieren. Das Streben nach immer perfektem Ansehen, Anpassung und der Gedanke »Was denken wohl die anderen über mich?« treiben sie dazu, überall ein ideales und möglichst angesehenes Bild abzugeben, doch auch sie haben Probleme, Unsicherheiten, schlechte Tage und Konflikte. Nur zeigen sie es nicht. Beneide sie nicht, denn es ist unfassbar anstrengend, so zu tun, als sei man perfekt. Das ist ihre Bürde. Mach dir das bewusst, wenn du das nächste Mal neidisch auf jeman-

den blickst, der vermeintlich so viel Glück im Leben hat. Frage dich lieber, was dieser Mensch wohl alles in Kauf nehmen muss, damit du das von ihm denken kannst.
Fall nicht auf den Irrglauben rein, dein Leben sei so viel schlechter als das der anderen. Sie haben andere Herausforderungen zu meisten als du, doch auch diese sind nicht ohne. Hänge nicht der Illusion nach, andere hätten ein viel besseres Leben. Sie haben ein anderes Leben, andere Herausforderungen, jedoch niemals eins ohne Probleme.
Strebe auch nicht nach dem Tag, an dem du endlich keine Probleme mehr hast und dein Leben genießen kannst. Denn der wird leider nicht kommen! Das ist eine Illusion, der viele Menschen hinterherjagen. Am Ende verzagen sie und geben auf, weil sie es bisher trotz aller Mühe nicht geschafft haben, diesen Zustand zu erreichen. Kaum sind sie glücklich, passiert das nächste kleine oder größere Unglück. Manche treibt diese Anstrengung und das Nachjagen dieser vor der Nase hängenden Karotte, die in Wirklichkeit unerreichbar ist, in eine ernst zu nehmende mentale Krise, ein Burn-out oder eine Depression. Da es diesen Zustand einfach nicht gibt, ist jede Bemühung in Richtung dieser Illusion Selbstsabotage. Solange du denkst, du wärst glücklich, wenn du dieses Ziel erreichst, denkst und handelst du dem genau entgegen.
Wie wäre es daher mit einem Perspektivwechsel? Was, wenn ich dir sage, dass es ein Leben ohne Probleme und Herausforderungen nicht geben kann und vermutlich auch für keinen Menschen gegeben hat. Ich habe mal einen sehr einprägsamen Satz gelesen, der hier gut passt:

Das Leben ist eine
Aneinanderreihung von Herausforderungen.

Es stimmt, oder? Eine Herausforderung jagt die nächste und es ist ein Irrglaube zu denken, es gäbe ein Leben ohne. Wenn man sich das Leben als Hürdenlauf vorstellt, dann sollte man am besten lernen, ein guter Hürdenläufer zu werden, und nicht vor jeder Hürde stehen bleiben, sich fallen lassen und jammern: »Warum immer ich? Warum schon wieder eine Hürde?«
Betrachte dein Leben als Hürdenlauf, immer in dem Bewusstsein, dass die nächste bereits auf dich wartet und du trainieren darfst, wie du sie am effektivsten überspringen kannst und wie du am schnellsten wieder aufstehst, wenn du es mal nicht schaffst.
Betrachte deine Probleme nicht als Probleme, sondern als Herausforderungen, an denen du wachsen kannst. Stets in dem Bewusstsein, das viele weitere auf dich warten. Werde zum besten Hürdenläufer deines eigenen Lebens.

... WENN DU VERSUCHST, KEINE FEHLER ZU MACHEN

Fehler sind nervig und alles wäre viel einfacher, wenn die Dinge einfach von Beginn an gut klappen und laufen würden! Bis zum erfolgreichen Abschluss! Würdest du diese Aussage unterschreiben? Tatsächlich? Was, wenn ich dir sage, dass Fehler gut, notwendig und nützlich sind? Sie sind absolut wertvoll.
Fehler vermeiden zu wollen, könnte man genauso gut als eine Anstrengung beschreiben, in der Komfortzone zu bleiben. Innerhalb meiner Komfortzone mache ich kaum Fehler, mir ist alles bekannt, ich habe die Dinge schon oft getan und dementsprechend sicher fühle ich mich dort. Doch wie wir gelernt haben, ist die Komfortzone der größte Feind unseres Wachstums. Aus der Komfortzone zu gehen, bedeutet gleichzeitig, Neues zu tun, und Neues birgt eben ein gro-

ßes Fehlerrisiko. Wenn wir Fehler aber als etwas Negatives und Vermeidenswertes betrachten, wird es umso schwerer sein, persönlich zu wachsen. Wir sind unbewusst immer damit beschäftigt, in unserer Komfortzone zu bleiben, anstatt sie zu verlassen.

Schau doch mal zurück in deine Vergangenheit. Viele gute Entscheidungen, die du getroffen hast, basierten auf Fehlern, die du vorher gemacht hat. Auf Erfahrungen darüber, was gut oder schlecht ist. Die Fehler waren notwendig, um dann die richtige Richtung einzuschlagen. Stell es dir mal so vor: Auf deiner Straße des Lebens sind links und rechts ganz viele Türen. Hinter einigen wartet etwas Schlechtes, hinter anderen etwas Gutes, doch wenn du gar keine aufmachst, weil du Angst hast, dabei den Fehler zu machen, eine schlechte Erfahrung zu erwischen, wirst du auch die Türen mit den guten niemals öffnen. Du brauchst alle beide, um voranzukommen.

Hättest du als Kind damals nicht auf die Herdplatte gefasst, wüsstest du heute noch nicht, dass diese heiß ist. Hättest du erst gar nicht versucht zu laufen, weil du Angst hattest, hinzufallen … du verstehst sicher, worauf ich hinaus will.

> **Reflektiere**
>
> Was denkst du persönlich über Fehler? Wie bist du in der Vergangenheit damit umgegangen?

Ändere deine Sichtweise auf das Thema. Fehler sind nichts Schlimmes. Im Gegenteil, sie helfen dir, dich persönlich weiterzuentwickeln. Ohne sie in Kauf zu nehmen, kannst du die Komfortzone nicht verlassen. Fehler gehören wie Herausforderungen dazu. Du ärgerst dich kurz darüber und dann stehst du wieder auf und machst weiter in dem Bewusstsein, das der nächste Fehler bereits irgendwo auf dich wartet. Mit dieser Sicht wird es dir leichter fallen, in deinem eigenen Sinne voranzuschreiten, als wenn du die ganze Zeit schauen würdest, dass du keine Fehler machst und perfekt rüberkommst. Das wird dir nämlich ohnehin nicht gelingen, deine Sicht auf das Thema zu verändern, klappt aber schon. Also wähle zu deinen Gunsten!

An der Stelle könntest du dich auch fragen: Aus welchem Grund ist es dir eigentlich so wichtig, keine Fehler zu machen? Ist es der Gedanke, »Was denken die anderen über mich?«, oder die Strafe, die dir als Kind drohte, wenn etwas nicht fehlerfrei lief? Der Ursprung für die Angst vor Fehlern ist immer ein destruktiver. Was ist es bei dir?

… WENN DU ALLES PERFEKT MACHEN WILLST

Wer Fehlern aus dem Weg gehen möchte, ist höchstwahrscheinlich auch perfektionistisch veranlagt. Die Angst vor Fehlern ist die Triebkraft des Perfektionismus – und beides gehört zur Selbstsabotage. Doch was bedeutet das eigentlich, Perfektionismus?

Es geht hierbei nicht darum, einfach in einer Sache gut sein und gute Leistungen erbringen zu wollen. Perfektionismus bedeutet, alles bis ins möglichst kleinste Detail kontrollieren zu wollen. Es werden unrealistische Maßstäbe gesetzt. Perfektionistische Menschen betrachten Unperfektes als persönliches Versagen. Sie schließen von einem Fehler oder Makel auf ihren Wert als Menschen – und wie du inzwischen weißt, haben wir alle das Bedürfnis nach einem positiven Selbstbild, also vermeiden wir möglichst alles, was dieses Selbstbild gefährdet. In diesem Falle hier versuchen wir es durch Perfektion.

Das Problem aber ist, dass Perfektion eine Illusion ist, die wir einfach – egal, wie sehr wir uns darum bemühen – nicht erreichen können. Wir stehen von Anfang an auf verlorenem Posten. Der Anspruch lähmt uns (Prokrastination) und verhindert Wachstum. Fehler zu ma-

chen ist ein ganz natürlicher Prozess im Rahmen des eigenen Wachstums, der nichts mit uns persönlich zu tun hat. Identifiziere dich daher nicht mit den Fehlern, die du machst. Je schneller du das verinnerlichst, desto besser für dich.
Perfekt sein zu wollen, ist unfassbar anstrengend. Es raubt eine Menge Energie für etwas, das du ohnehin unmöglich erreichen kannst, ganz egal, wie sehr du dich bemühst. Es ist, als würdest du versuchen, eine Glasscheibe mit Styropor einzuschlagen. Vielleicht versuchst du das schon jahre- oder jahrzehntelang, hör also lieber auf damit, es wird nicht funktionieren. Steck genau diese Energie in Bemühungen für wertvolle und sinnvollere Dinge.

> **»Ich habe einen Fehler gemacht und er hat mich etwas gelehrt«**
>
> Schreib dir doch mal nach jedem vermeintlichen Fehler auf, was du daraus gelernt hast und nicht noch einmal tun wirst, so hast du direkt das Positive daraus gezogen, anstatt dich dafür zu verurteilen.

Du kannst lernen, deine Einstellung zu ändern und Fehler als deine Freunde anzusehen, die dir helfen, dein Glas zu verlassen und zu wachsen. Die Welt geht nicht unter, wenn du nicht perfekt bist. Niemand hat diesen Anspruch an dich außer du selbst. Sei du selbst, gib dein Bestes und steh zu deinen Schwächen, denn sie gehören wie alles andere auch zu dir. Ändere deine Perspektive, konzentriere dich auf die Erkenntnisse, die aus deinen Fehlern hervorgehen, anstatt auf den Fehler selbst. Freu dich darüber, denn genau diese Dinge werden dir schon mal nicht mehr passieren. Das ist doch prima.

... WENN DU WICHTIGES STÄNDIG AUFSCHIEBST

Keine Fehler machen zu wollen, ist nicht nur sinnlos und ein unerreichbares Ziel. Es führt auch leicht zu »Aufschieberitis« oder, professioneller ausgedrückt, zu »Prokrastination«. Bist du jemand, der vielleicht sogar schon in der Schule alles auf den letzten Drücker gemacht hat? Und der das ohne bewusste Absicht immer noch so handhabt? Anstatt die Aufgaben sofort anzugehen, tust du auch heute noch zunächst alles mögliche andere und wendest dich anstehenden Jobs erst zu, wenn es nicht mehr anders geht und der Druck so groß ist, dass dir nichts anderes übrig bleibt, als es endlich zu tun?

Wenn dir dieses Verhalten vertraut ist, dann kennst du das Phänomen der Prokrastination. Eine Art innerer Widerstand, der dich davon abhält, das zu tun, was du eigentlich tun sollst oder willst. Anstatt produktiv zu arbeiten, schaust du Videos, gehst noch mal mit dem Staubsauger durch die bereits gesaugte Wohnung oder mistest den Kühlschrank aus. Du sabotierst dich selbst darin, in deinem Vorhaben voranzukommen. Du fühlst dich gleichzeitig schuldig, bist frustriert und prokrastinierst deswegen umso mehr. Ein Teufelskreis.

Doch warum eigentlich? Die Ursachen sind vielfältig und individuell. Einige von ihnen sind uns bereits an verschiedenen Stellen des Buches begegnet: Ängste, Selbstzweifel, Mangel an Zielen oder Unzufriedenheit. Und natürlich der Deckel deines Komfortzonen-Glases.

Tipp gegen die Aufschieberitis

Teile jedes größere Vorhaben in viele kleine realistische Etappenziele auf, halte sie konkret fest und arbeite sie Stück für Stück ab, anstatt sie als großes Ganzes zu betrachten.

... WENN DU CHANCEN NICHT ERGREIFST

Jana ist Projektbegleiterin in einer großen Firma. Sie liebt ihren Job und sprudelt nur so vor Ideen. Unzählige kreative Impulse gehen ihr tagtäglich durch den Kopf. Sie durchdenkt jeden einzelnen bis ins Detail, stellt sich vor, wie man ihn umsetzen könnte und was am Ende daraus entstehen kann. Sie hat Freude an diesen Gedanken, lässt sie gern zu und genießt sie sogar. Stunden könnte sie damit verbringen.
In den Meetings jedoch, in denen es ans Brainstorming geht und wo neue Ideen dringend gefragt sind, denkt Jana jedes Mal: »So, jetzt ist deine Gelegenheit, sprich es aus, trau dich!« Und doch bleibt sie am Ende stumm. Früher hat sie ihre Ideen manchmal in der Teeküche ihren Kollegen erzählt, die sie dann im Meeting in minimal abgewandelter Form als ihre eigenen Ideen verkauft haben. Deshalb redet Jana jetzt gar nicht mehr darüber. Doch in ihren Gedanken nehmen die Ideen sehr viel Raum ein. Täglich denkt sie darüber nach und ihr fallen immer wieder neue Dinge ein.
Würde Jana sich trauen, wäre sie vermutlich das beste Zugpferd ihrer Firma. Ihre Ideen sind brillant und würden nicht nur sie selbst, sondern das gesamte Unternehmen voranbringen. Jana hat schon immer davon geträumt, Karriere zu machen und vielleicht irgendwann mal eine Führungsrolle zu übernehmen. Doch ihre Selbstzweifel und Ängste sorgen dafür, dass nichts von ihrem riesigen Potenzial ans Tageslicht kommt, sodass auch ihre Träume nicht in Erfüllung gehen können.
Vielen Arbeitnehmern geht es wie Jana und vielleicht erkennst auch du dich hier wieder. Trotz des Wunsches, beruflich voranzukommen, agiert Jana genau gegenteilig. Sie sabotiert sich selbst und der Grund ist das Glas, in dem sie festsitzt.
So wie Jana in jedem Meeting eine Chance hat, bieten sich auch dir zahlreiche Chancen, das umzusetzen, was du eigentlich gern möch-

test. All diese Gelegenheiten sind die Brücken, die du überqueren musst, der Deckel, den du abschrauben musst, die Räume, die du betreten musst, um auf die andere Seite zu kommen. Kein Wachstum ohne Schmerz. Es liegt an dir, ob du Chancen wahrnehmen oder an dir vorüberziehen lassen möchtest. Manchmal kannst du sie nicht sehen, weil du deine Ziele nie definiert hast, so wie die Stoppschilder, die zu zählen du dir nie vorgenommen hast. Manchmal sind es deine Ängste, Selbstzweifel, der innere Kritiker und die alten Prägungen, die dich daran hindern, diese Chancen zu ergreifen. Letztlich ist das Problem nicht, dass sich dir keine Chancen und Gelegenheit bieten, sondern dass du sie nicht sehen oder ergreifen kannst.

Wenn wir Gelegenheiten sehen, ist es oft so, dass wir dennoch die »einfachere« Option wählen, die komfortablere. Doch die bringt uns letztlich nichts oder nur Reue. Die Dinge, auf die wir hinterher stolz sind, bei denen wir uns freuen, dass wir es durchgezogen haben, verlangen uns im ersten Moment immer mindestens Überwindung ab. Es ist einfacher, auf der Couch sitzen zu bleiben, als zum Sport zu gehen. Es ist einfacher, zum Fast-Food-Restaurant zu fahren als selbst zu kochen. Einfach still zu sein als vor vielen Menschen eine Idee vorzubringen und sich damit verletzlich zu machen. Doch genau das sind dann auch die Dinge, die wir hinterher bedauern. Entscheiden wir uns hingegen bewusst für das, was im ersten Augenblick als schwerer und aufwendiger erscheint, sind wir hinterher froh und stolz auf uns. Das Gefühl, doch zum Sport gegangen zu sein, gesund gekocht zu haben oder die eigene Idee vor zwanzig Leuten präsentiert zu haben, belohnt uns in der Regel allemal.

Ich bin mir sicher, das kannst du bestätigen. Und dennoch handeln wir oft zu unseren Ungunsten. Mach dir stets bewusst, dass die richtige Entscheidung oft die ist, die im ersten Moment schwieriger erscheint.

Gerade im beruflichen Kontext neigen Menschen dazu, sich zu verstellen. Es gibt viele Erwartungen und Normen, denen man entsprechen will oder muss. Image, Dresscode, Kommunikationsstandards, Fachjargon, berufliche Etikette und Unternehmenskultur. Man hat ein bestimmtes Bild davon, wie ein Mensch in einer bestimmten Rolle oder Position zu sein hat und wie nicht. Man versucht, dem gerecht zu werden, und viele entfernen sich dadurch von der eigenen Persönlichkeit. Um als kompetent und professionell wahrgenommen zu werden, verbergen viele ihre Schwächen und Unsicherheiten. Wer redet schon gern darüber, was alles nicht gut läuft, wie groß die Herausforderungen sind und wie schwer es ihm fällt, eine bestimmte Sache zu verstehen? Eine Anpassung ist im beruflichen Kontext in weiten Teilen gewollt, notwendig und auch akzeptabel, doch viele entfernen sich dadurch so sehr von ihrem authentischen Selbst, dass ihr Beruf letztlich die Ursache für Stress und Unzufriedenheit wird. Sie leben entgegen ihren Werten, Wünschen und Zielen und verlieren dadurch ihre Integrität. Die Berufstätigkeit wird zur Selbstsabotage.

Reflektiere

Würdest du sagen, dein beruflicher Erlog und deine Integrität sind im Einklang? Oder anders gefragt: Wie weit sind dein berufliches Selbst und dein privates Selbst voneinander entfernt?

Ein weiteres Phänomen, das zu Selbstsabotage führen kann, ist das sogenannte Impostor- oder Hochstapler-Syndrom, bei dem man immer wieder denkt:

»Hoffentlich merken die anderen nicht,
wie inkompetent ich in Wirklichkeit bin.«

Kennst du diesen Gedanken? Es gibt Menschen, die erfolgreich sind, super Qualifikationen haben und dennoch starke Zweifel an ihren Kompetenzen und Fähigkeiten haben. Sie leiden unter dem Gefühl, ein Hochstapler zu sein und jederzeit damit auffliegen zu können. Spielst du manchmal deine eigenen Erfolge runter und schreibst sie dem Zufall oder dem Glück zu? Dabei tust du sehr viel dafür, setzt hohe Standards an dich selbst, weil du deine vermeintliche Inkompetenz damit auszugleichen versuchst.
Jana hat für ihren Job als Projektbegleiterin beeindruckende Qualifikationen mitgebracht. Doch trotz der Tatsache, dass sie damals den Job bekommen hat, zweifelt sie bis heute daran, wirklich qualifiziert dafür zu sein. Um das zu verstecken, gibt sie sich ganz besonders viel Mühe, all ihre Aufgaben bestens zu erfüllen. Das ist auch ein Grund, warum sie ihre Ideen bei den Meetings nicht einbringt: Wenn eine Idee schlecht wäre, würden die Kollegen und auch der Chef merken, dass sie die ganze Zeit nur so tut, als ob sie kompetent wäre. So denkt sie. Dass sie eigentlich immer von allen sehr gutes Feedback für ihre Arbeit erhält und geschätzt wird, spielt für Jana keine Rolle. Das spielt sie runter, es war ja nur Zufall oder es kam den anderen nur so vor, als wäre sie gut. Das Hochstapler-Syndrom befeuert auch Janas Perfektionismus. Lob und Anerkennung kann sie aufgrund dieser Wahrnehmungsverzerrung nicht annehmen.

... WENN DU KEINE HILFE ANNIMMST

Unfassbar viele Menschen wissen und fühlen, dass es ihnen mental und emotional schlecht geht. Sie drehen sich Jahre oder auch Jahrzehnte mit ihren Problemen im Kreis. Versuchen erfolglos, sich selbst zu helfen, oder haben es bereits aufgegeben und befinden sich in der Opferhaltung. Oder sie versuchen es erst gar nicht, weil sie so sehr in ihrem Glas festsitzen, dass sie nicht mal auf die Idee kommen, es könnte einen Ausweg geben.

Mentale Gesundheit ist genauso wichtig wie physische. Bei der physischen ist es ganz klar und logisch, dass wir mit einer Verletzung oder Schmerzen zum Arzt, Heilpraktiker, Physiotherapeuten oder sonst jemandem gehen, der sich damit auskennt und uns helfen wird. Bei der mentalen Gesundheit hingegen holen sich die wenigsten Menschen Hilfe, wenn sie sie eigentlich brauchen. Mentale Probleme werden versteckt, unterdrückt, geheim gehalten, runtergespielt.

Viele Menschen tun sich unheimlich schwer, einfach offen damit umzugehen – wie bei einem Beinbruch. Bist du so jemand? Dann frage dich: Was ist Hilfe eigentlich? Was ist deine persönliche Definition davon? Ich denke, die meisten Menschen sehen es als etwas Negatives an, Hilfe anzunehmen, und verknüpfen es mit Hilfsbedürftigkeit, Schwäche, damit, es nicht selbst geschafft zu haben und deswegen ein schlechter Mensch zu sein. Doch ist es das wirklich?

Ist Hilfe nicht viel mehr eine Win-win-Situation für beide Seiten? Sowohl für denjenigen, der die Hilfe bekommt und in Anspruch nimmt, als auch für denjenigen, der hilft. Gehen wir an der Stelle mal von einem Psychotherapeuten aus und nehmen wir an, dir geht es nicht gut. Du brauchst eigentlich eine Therapie, du möchtest aber keine machen, weil es dir das Gefühl geben würde, versagt zu haben und dem Therapeuten gewissermaßen unterlegen zu sein. Die Rollenverteilung ist klar, du bist der oder die Schwache und der Therapeut der oder die Starke.

Ich glaube, so oder so ähnlich sehen sehr viele Menschen Hilfe – und wer will schon der Schwache und Unterlegene sein?

Doch mit dieser Sicht unterliegen sie einem Irrglauben. Hilfe ist etwas, das sowohl dem Hilfesuchenden etwas gibt als auch demjenigen, der die Hilfe geben darf. Wenn dir jemand seine Hilfe anbietet und du sie annimmst, dann erweist auch du ihm einen Dienst. Du machst ihn glücklich und gibst ihm die Möglichkeit, zu fühlen, dass auch er wertvoll ist und für einen anderen Menschen etwas bewirken kann. Wenn du keine Hilfe annimmst oder suchst, verwehrst du den anderen Menschen genau das.

> **Reflektiere**
>
> Warum fällt es dir schwer, Hilfe anzunehmen? Ist das, was du darüber glaubst, wirklich wahr?

Hilfe anzunehmen ist gut! Es ist intelligent, erspart dir Zeit und Energie und führt dich zur Behebung deines Problems. Sie ist überall. Es gibt unzählige wundervolle Menschen, die es sich zur Aufgabe gemacht haben, anderen Menschen auf unterschiedliche Weisen zu helfen. Hör auf, dich selbst zu sabotieren, indem du dir aus falschen Überzeugungen Hilfe verwehrst.

… WENN DU DEINE EINZIGARTIGKEIT NICHT SIEHST UND NICHT LEBST

Weißt du eigentlich, wie besonders du bist? Es gab noch nie jemanden auf dieser Erde, der so war wie du. Es gibt aktuell niemanden, der so ist wie du. Es wird auch in Zukunft niemanden geben, der so sein wird wie du!
Lies diesen Absatz noch mal! Erkennst du seine tiefere Bedeutung? Du bist einzigartig und das ist deine größte Superpower! Wenn du anfängst, das zu verinnerlichen, anzuerkennen und letztlich zu leben, wirst du immer konkurrenzlos und besonders sein. Du bist es bereits, doch wenn du es endlich siehst, kannst du es auch fühlen und leben. Gibt es Menschen in deinem Leben, von denen du denkst, »Ich wäre

gern wie er oder sie«? Vielleicht bist du ja schon auf dem Weg, so zu werden, und unternimmst Schritte dorthin. Egal, was du tust und wie sehr du dich anstrengst, du wirst immer am besten darin sein, du selbst zu sein. Denn das ist es, wozu du bestimmt und hier auf dieser Erde bist. Nutze deine Energie lieber dafür, herauszufinden, wer du wirklich in deinem Kern bist. Finde dein Wesen und lebe es! Sei so authentisch, wie du nur sein kannst, mit all deinen Qualitäten. Das könnte dein Ziel sein, denn das ist es, was dich letztlich zufrieden und glücklich machen wird.
Betrachte andere Menschen gern als Wegbegleiter, Orientierung und Inspiration auf deinem Weg, versuche aber nicht, wie sie zu sein. Folge ihren Spuren, um den Weg zu finden, doch geh neben ihnen und hinterlasse deine eigenen Abdrücke. Denn eine Kopie wird immer nur eine Kopie sein. Ein Original wird – egal, wie oft es kopiert wird – immer einzigartig sein. Und das Beste daran:

Du bist bereits du.
Du musst es nicht erst noch werden.

Du bist ein Original. Das nicht sehen zu können oder zu wollen, ist ebenfalls Selbstsabotage. Deine Einzigartigkeit ist ein Geschenk. Du musst es nur erkennen und für dich nutzen, dann wirst du Menschen anziehen, die zu dir passen, den Beruf ausüben können, der dich erfüllt, und vieles mehr. Alles wird sich an das anfügen, was du bist.
Fange an, dich selbst zu sehen – sieh, wie besonders du bist. Nutze deine Einzigartigkeit, lebe sie und du wirst zufriedener und glücklicher sein. Versprochen!

Ganz praktisch die Selbstsabotage beenden

SO STOPPST DU DIE SELBSTSABOTAGE

Du hast nun jede Menge über Selbstsabotage gelernt und dich sicherlich in der einen oder anderen Beschreibung wiedergefunden. Wie aber kannst du deine Selbstsabotage stoppen? Zum Glück können wir das, was wir einst erlernt und uns angewöhnt haben, auch wieder verlernen und uns abgewöhnen.

Wenn ein Problem erst mal identifiziert ist, wollen wir es am liebsten so schnell wie möglich aus dem Weg räumen. Du erwartest daher vielleicht möglichst effiziente Strategien, Tipps und Tricks, die du bestenfalls sofort anwenden kannst. Schließlich sind wir es gewohnt, dass es für viele körperliche Befindlichkeiten Heilmittel gibt, die wir einfach einnehmen und die dann die Arbeit für uns übernehmen. In unserem Zusammenhang muss ich dich aber leider enttäuschen. Die Arbeit hier musst du selbst machen. Es gibt keine Pille, keinen Trick und kein Geheimnis, die deine Selbstsabotage mit einem Mal beenden würden.

Doch ich habe auch eine gute Nachricht: Ein wesentlicher Teil der Arbeit ist bereits getan. Du hast dir nämlich in den vergangenen Kapiteln viel Wissen über Selbstsabotage angeeignet und erkannt, inwieweit du dich selbst sabotierst! Wenn du diese Erkenntnisse gewonnen hast, bist du schon einen großen Schritt in Richtung Veränderung gegangen, denn gerade bei der unbewussten Selbstsabotage liegen viele Hürden vor der Erkenntnis und der Einsicht. Du warst in

der Lage, selbstkritisch zu sein und die Verantwortung bei dir selbst zu sehen, wofür viele nicht offen sind. Wenn du diese erste Hürde überwunden hast, ist es wichtig, zu lernen und zu üben, dich selbst zu beobachten, die eigenen Gedanken und Handlungen kritisch zu hinterfragen und dir letztlich einzugestehen, dass du selbst es bist, der dir im Weg steht. All das hast du schon begonnen, wenn du bis hierhin gelesen und die Reflexionsimpulse genutzt hast. Daher darfst du dir selbst auf die Schulter klopfen, denn das ist bereits mehr, als die meisten schaffen, und ein großer Wegabschnitt in Richtung Veränderung.
Schauen wir noch mal zu Jana. Sie hat regelmäßig Wutausbrüche, wenn sie mit ihrem Mann streitet. Sie wird laut, hat sich nicht unter Kontrolle, schreit ihn an und wird fuchsteufelswild. Sie weiß, dass das nicht tragbar ist, und versucht, eine Lösung zu finden. Als sie neulich in der Buchhandlung war, fiel ihr ein Ratgeber in die Hand, in dem von einer 90-Sekunden-Regel die Rede war. Diese Regel basiert darauf, dass ein Gefühl nur eine Haltbarkeitsdauer von 90 Sekunden hat. Wenn man es schafft, diese 90 Sekunden innezuhalten, dann kann man den Wutausbruch vermeiden, weil das Gefühl abflaut.
Jana ist begeistert, kauft den Ratgeber und wendet die Regel im folgenden Streit mit ihrem Mann an. Es funktioniert. Problem gelöst? Nein. Die 90-Sekunden-Regel wirkt wie eine Kopfschmerztablette, sie lindert oder beseitigt das Symptom für den Moment. Die Ursache liegt aber woanders und Janas »Kopfschmerzen« sind chronisch. Solange sie der Überzeugung ist, ihr Mann sei der Auslöser ihrer Wut, wird sie immer wieder in derselben Situation landen und immer wieder eine Kopfschmerztablette nehmen, also die 90-Sekunden-Regel anwenden müssen. Doch ihr Mann ist lediglich ein Spiegel dessen, was in ihr vorhanden ist. Janas Wutausbrüche sind in ihren Kindheitserlebnissen begründet und diese Wunde berührt ihr Mann bei den Streitigkeiten, weil die Situationen sie unbewusst in die damalige Zeit zurückversetzen und dieselben Gefühle wie damals erzeugen. Sie aktivieren einen Abwehrmechanismus, der dafür sorgen soll, dass sie ihre

Trauer oder Ohnmacht nicht spürt – also legt sich schnell eine mächtige Wut darüber.
Solange sich Jana dessen nicht bewusst wird, kann sie auch die Bewertung der Situation, des Auslösers nicht ändern. Eine nachhaltige und langfristige Lösung wäre hier eher, dass sie Bewusstheit schafft. Wenn Jana erkennt, dass ihr Mann nicht das Problem ist, sondern ihre eigenen Prägungen und Denkmuster, kann sie einen neuen Blickwinkel einnehmen und die Situation insgesamt anders bewerten. Das wird sie nicht sofort davon abhalten, in alte Muster zu verfallen, doch sie wird in der Lage sein, das Ganze zu verstehen. Sie wird sich bei ihrem Mann entschuldigen können, wenn sie wieder »rückfällig« wird, weil sie jetzt weiß, warum sie reagiert, wie sie reagiert. Mit der Zeit wird sie immer besser lernen, sich selbst zu beobachten, und die andere Sichtweise wird langfristig bewirken, dass die Wut auf ihren Mann weniger wird.
Wie du an diesem Beispiel sehen kannst, dienen viele Strategien, Tipps und Tricks dazu, das Symptom zu lindern, was kurzfristig auch sehr hilfreich sein kann. Die nachhaltige und langfristige Lösung ist aber die Bewusstseinsarbeit. Du brauchst ein Bewusstsein über dich selbst, über deine Denk- und Handlungsweisen. Je mehr du über dich selbst weißt, je besser du dich selbst kennst, desto besser wirst du insgesamt im Leben zurechtkommen. Selbstsabotage hat dann kaum noch eine Chance.

Die nachhaltige und langfristige Lösung
ist immer die Bewusstseinsarbeit.

Welche Schritte stehen jetzt also an? Wie du mittlerweile weißt, umfasst die Selbstsabotage sämtliche Verhaltens- und Denkweisen, die dem entgegenstehen, was dir wichtig ist: deinen Bedürfnissen, Wünschen, Zielen und Werten im Leben. Daher ist es nötig, für dich klar zu definieren, was deine Bedürfnisse, deine Wünsche und Ziele, deine Werte sind.

Das machst du, indem du dich überhaupt einmal mit diesen Themen befasst und darüber reflektierst. Vieles davon haben wir in diesem Buch bereits besprochen und du hast hoffentlich erkannt, wie wichtig das ist. Mach auf diese Weise einfach weiter und nutze auch die folgenden Seiten. Damit überträgst du das gewonnene Wissen ganz konkret auf dich selbst und wirst dir deiner Bedürfnisse, deiner Wünsche und Ziele, deiner Werte bewusst. Wenn du sie immer stärker in dein Bewusstsein und deinen Alltag integrierst, ist die Selbstsabotage bald Vergangenheit.

IDENTIFIZIERE DEINE WERTE

Die folgende Checkliste hilft dir, deine Werte zu identifizieren, indem sie dir mögliche Werte zeigt. Geh damit am besten wie folgt vor:

Was sind deine Werte?

- Geh alle Werte durch und kreuze die an, die dich intuitiv ansprechen. Die Menge spielt dabei keine Rolle.
- Halbiere die Anzahl, die du angekreuzt hast, indem du die Werte vergleichst und dich für die jeweils wichtigeren entscheidest.
- Leg auf einem gesonderten Zettel eine Tabelle mit zwei Spalten an: »wichtig« und »wichtiger«. Trage die verbleibenden Werte ein.
- Gib den Werten aus der Spalte »wichtiger«, eine Rangfolge. Was ist der wichtigste, der zweitwichtigste und so weiter?
- Am Ende sollten deine wichtigsten fünf Kernwerte übrig bleiben.

- ☐ Mut
- ☐ Abenteuer
- ☐ Authentizität
- ☐ Gelassenheit
- ☐ Rücksicht-nahme
- ☐ Humor
- ☐ Fleiß
- ☐ Liebe
- ☐ Offenheit
- ☐ Harmonie
- ☐ Weisheit
- ☐ Optimismus
- ☐ Seriosität
- ☐ Gerechtigkeit
- ☐ Herzlichkeit
- ☐ Spaß
- ☐ Unabhängigkeit
- ☐ Leistung
- ☐ Selbstdisziplin
- ☐ Ehrlichkeit
- ☐ Tapferkeit
- ☐ Freundlichkeit
- ☐ Bescheidenheit
- ☐ Solidarität
- ☐ Sicherheit
- ☐ Inspiration
- ☐ Glaubwürdigkeit
- ☐ Ästhetik
- ☐ Beständigkeit
- ☐ Fürsorglichkeit
- ☐ Frieden
- ☐ Geduld
- ☐ Verständnis
- ☐ Autonomie
- ☐ Mitgefühl
- ☐ Kompetenz
- ☐ Kreativität
- ☐ Freiheit
- ☐ Weitsicht
- ☐ Loyalität
- ☐ Verantwortung
- ☐ Respekt
- ☐ Anerkennung
- ☐ Hilfsbereit-schaft
- ☐ Leichtigkeit
- ☐ Spiritualität
- ☐ Sauberkeit
- ☐ Treue
- ☐ Fröhlichkeit
- ☐ Präzision
- ☐ Gesundheit
- ☐ Ruhe
- ☐ Fairness
- ☐ Sorgfalt
- ☐ Natürlichkeit
- ☐ Tradition
- ☐ Toleranz
- ☐ Dankbarkeit
- ☐ Transparenz
- ☐ Vertrauen
- ☐ Ausdauer
- ☐ Leidenschaft
- ☐ Achtsamkeit
- ☐ Nachhaltigkeit
- ☐ Willenskraft
- ☐ Großzügigkeit
- ☐ Zuverlässig-keit
- ☐ Nächstenliebe
- ☐ Disziplin
- ☐ Ansehen
- ☐ Hingabe
- ☐ Individualität
- ☐ Würde
- ☐ Pflichtgefühl
- ☐ Zielstrebigkeit
- ☐ Teamgeist
- ☐ Flexibilität
- ☐ Empathie
- ☐ Höflichkeit
- ☐ Konsequenz
- ☐ Anstand

Die Werteliste ist nicht vollständig, vielleicht fallen dir andere Werte ein, die dir wichtig sind. Nimm sie gern mit auf. Die folgenden Fragen helfen dir ebenfalls, deine Werte zu finden.

- Was war dir bisher immer wichtig in deinem Leben?
- Welche wichtigen Entscheidungen hast du in der Vergangenheit getroffen und auf welchen Werten könnten sie beruhen?
- Hast du dich von Menschen distanziert? Warum?
- Gibt es ein Thema, das bei dir häufig zu Konflikten führt?
- Von welchen Menschen und Situationen hast du dich in der Vergangenheit getrennt und warum?
- Hast du schon mal den Arbeitgeber gewechselt? Warum?
- In welchen Situationen bist du stolz auf dich gewesen?
- Was würde jemand dir Nahestehendes sagen, was dir wichtig ist?
- Was gibt dir einen Sinn im Leben?
- Worauf kannst du keinesfalls verzichten?
- Was kannst du überhaupt nicht leiden? Was stört dich an anderen?
- In welchen Situationen fühlst du dich richtig wohl?
- Welche Werte wurden in deiner Familie gelebt? Was war deinen Bezugspersonen besonders wichtig?

Wenn du deine höchstpersönlichen (Kern-)Werte identifiziert hast, kannst du dich in Zukunft an ihnen orientieren. Glückliche Menschen leben ein werteorientiertes Leben. Richtest du deine Handlungen nach deinen Werten aus, wird es auf natürliche Weise insgesamt harmonischer sein.

Du vermeidest Selbstsabotage,
wenn du im Einklang mit deinen Werten lebst.

PRAKTIZIERE SELBSTBEOBACHTUNG UND -REFLEXION

Diese beiden Dinge sind und bleiben zentral. Stell dir auch im Alltag immer mal wieder Fragen wie: Was ist mir wichtig im Leben? Wovon habe ich als Kind geträumt? Was bereitet mir Freude? Was erwarte und wünsche ich mir eigentlich vom Leben? Wie wäre ich gern, wie will ich in Zukunft sein? Mal dir das Leben aus, das du leben würdest, wenn alles möglich wäre. Wenn es keine Hindernisse und Limitierungen gäbe. Beachte, dass es hierbei ausschließlich um dich geht! Erwartungen, Wünsche, Werte und Ziele anderer Menschen oder der Gesellschaft sollten dabei keine Rolle spielen.

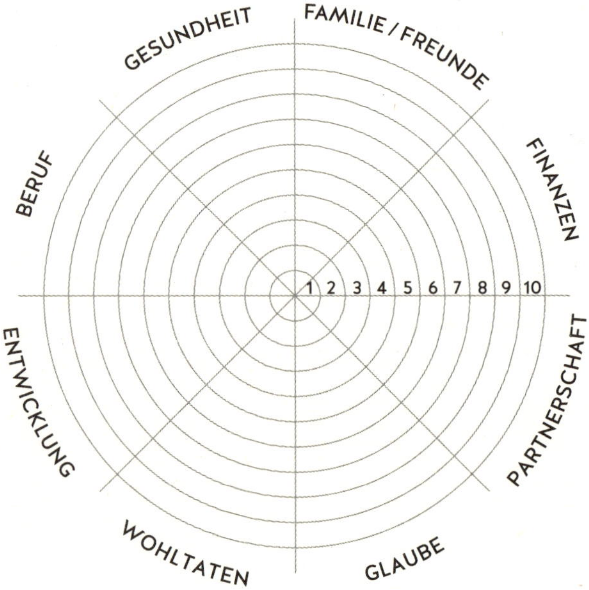

Wenn du diese Dinge identifiziert hast, fragst du dich als Nächstes, inwiefern du diese Ziele und Wünsche in deinem aktuellen Leben bereits lebst, auf dem Weg dorthin bist und wo dein eigenes Verhalten dem entgegensteht. Nutze hierzu gern das Diagramm mit den einzelnen Lebensbereichen. Für jeden hier aufgeführten Bereich kannst du auf einer Skala von eins bis zehn einzeichnen, inwiefern du bereits entsprechend deinen Werten, Wünschen, Zielen und Bedürfnissen lebst. Das Bild zeichnet also deine derzeitige Realität nach.

Dort, wo du nicht dem entsprechend lebst, was du eigentlich gern möchtest, fragst du dich, warum das so ist. Stell dem Idealleben, das du dir ausgemalt hast, die Realität gegenüber. Gibt es eine Schnittmenge? Wie weit sind Wunschleben und Realität voneinander entfernt und warum? Geh deinen Denk- und Verhaltensweisen, die dich an deinem Traumleben hindern, auf den Grund. Auch das tust du durch Selbstbeobachtung und -reflexion. Ein Gedankentagebuch, in dem du deine Beobachtungen und Gedanken festhältst, kann ebenfalls hilfreich sein.

Reflektiere

Frage dich regelmäßig:

- Welche destruktiven Denk- und Verhaltensweisen lege ich an den Tag?
- Wer oder was löst bestimmte Muster oder typische negative Gedanken in mir aus?
- In welchen Situationen konkret handle und denke ich auf diese Weise?
- Wie könnte das mit meiner Vergangenheit zusammenhängen?
- Welche Glaubenssätze habe ich und welche Strategien habe ich entwickelt, um mit alten Wunden umzugehen?

Nehmen wir wieder Jana als Beispiel. Jana wünscht sich eine harmonische und liebevolle Partnerschaft. Ihre Wutausbrüche ihrem Mann gegenüber wirken diesem Wunsch aber entgegen. Jana könnte sich fragen, wann genau sie die Ausbrüche hat und was ihr Mann in diesen Moment ganz konkret zu ihr sagt. Um welches Thema geht es dabei? In welchem Gemütszustand befindet sie sich in diesen Momenten? Die Antworten geben eine Menge Hinweise darauf, was der Ursprung sein kann.

Jana stellt vielleicht fest, dass diese Konflikte immer dann entstehen, wenn sie sich gerade ohnehin überfordert fühlt. Oder sie stellt fest, dass sie genau dieselben Gefühle bereits in ihrer Kindheit hatte, sobald ihre Eltern stritten. Sie könnte beobachten, dass sie in diesen Momenten denkt, dass ihr Mann sie nicht liebt, obwohl es im Konflikt selbst gar nicht um seine Liebe zu ihr geht. Oder sie merkt, dass die Art und Weise, wie er sich ausdrückt und äußert, auf sie wirkt wie das Verhalten ihres Vaters damals. Mit diesem Forschen holt sie vieles ins Bewusstsein zurück, was ihr zuvor unklar war. Und auf diesen Erkenntnissen kann sie dann aufbauen. Gleiches gilt für dich.

Werde zum Beobachter deiner selbst,
indem du eine Metaebene einnimmst und deine Gedanken
wie ein fremder Dritter beobachtest.

Das kannst du! Es braucht Übung, doch je achtsamer du bist und je öfter du es tust, desto leichter wird es dir fallen. Wie fast alles im Leben ist auch das etwas, das man sich durch eine regelmäßige Praxis angewöhnen kann.

Zur Unterstützung auf diesem Weg findest du im Folgenden einige Beispiele für selbstsabotierende Verhaltensweisen und Glaubenssätze. Sie können dich anregen, dir auf die Schliche zu kommen. Dabei lernst du auch deinen inneren Kritiker kennen. Wie laut oder leise ist er bei dir? Was genau erzählt er dir den ganzen Tag? Wie viel Raum nimmt er in deinem Kopf ein?

Arbeite die konkreten Situationen, Gedanken und Handlungsweisen heraus, in denen du entgegen deinen Wünschen, Zielen, Bedürfnissen und Werten handelst und denkst. Bist du dir all dessen bewusst geworden, kannst du dein Verhalten sehr viel leichter ändern.

ENTLARVE DEINE GLAUBENSSÄTZE

Mithilfe der folgenden Checklisten schauen wir gemeinsam, was deine Glaubenssätze sind, und du kannst prüfen, welche selbstsabotierenden Verhaltensweisen du an den Tag legst. Einiges hast du vermutlich bereits während des Lesens identifiziert. Hier findest du noch mal einiges zum Wiederholen und Ankreuzen.
Wir haben ja über das innere Kind, dessen Glaubenssätze und Schutzstrategien gesprochen. In den Checklisten findest du neben gängigen Glaubenssätzen auch Beispiele dafür, welche Konsequenzen und Schutzstrategien sie nach sich ziehen können. Nutze diese im Rahmen deiner Reflexion.

Raus aus der Selbstsabotage

Geh die Glaubenssätze in den folgenden Listen durch und achte auf deine Gedanken und dein Gefühle, wenn du sie liest. Kreuze die an, die auf dich zutreffen, und reflektiere, inwieweit das beschriebene Verhalten bei dir vorkommt.
Arbeite dich mit allem, was du hier im Buch an Hilfe bekommst, zu einer größeren Bewusstheit über deine Selbstsabotage hin, damit du sie dann loslassen kannst.

- Ich bin hässlich.
- Ich bin anderen ausgeliefert.

- Ich muss alles im Griff haben.
- Ich bin nichts wert.
- Ich bin schwach.
- Ich genüge nicht.
- Ich bin ein Versager.
- Ich komme immer zu kurz.
- Ich kann nix.
- Ich darf keine Fehler machen.
- Ich darf nicht verlieren.
- Ich bin schlecht.
- Ich bin unwichtig.
- Ich muss gute Leistung bringen.
- Ich bin machtlos.
- Ich bin dumm.
- Ich bin unfähig.
- Ich komme immer zu kurz.
- Ich darf keinem / nur wenigen vertrauen.
- Ich bin nicht gewollt.
- Ich bin ausgeliefert.
- Ich bin ein schlechter Mensch.
- Ich bin anderen unterlegen.
- Ich bin schuld.
- Ich falle zur Last.
- Ich darf nicht fühlen.
- Ich muss der/die Beste sein.
- Ich bin es nicht wert, geliebt zu werden.
- Die Welt ist schlecht.
- Ich muss es allen recht machen, um gemocht zu werden.
- Andere denken schlecht über mich.
- Andere wollen mir nur schaden.
- Keiner gönnt mir was.
- Ich muss immer fröhlich sein.

- Ich bin eine Enttäuschung.
- Ich muss alles allein schaffen.
- Ich muss mich um xy kümmern.
- Ich darf nicht egoistisch sein.
- Ich bin nicht intelligent genug.

Welche Folgen haben deine Glaubenssätze?

Prüfe auch bei den folgenden Aussagen, wo du dich wiedererkennst. So erfährst du immer mehr über dich und entlarvst Selbstsabotagemuster.

- »Die Welt ist ein gefährlicher Ort«: Du vermutest oft das Schlimmste, wenn etwas nicht wie geplant läuft (wenn beispielsweise jemand zu spät zu einer Verabredung kommt).
- »Ich muss immer Leistung bringen«: Du bist perfektionistisch und versuchst, immer 100 Prozent zu geben.
- »Ich bin nicht liebenswert«: Du stößt Zuneigung zurück und bist »beziehungsunfähig« oder suchst ständig Bestätigung.
- »Ich habe es nicht verdient, glücklich zu sein«: Du schöpfst Verdacht, wenn du Glücksgefühle empfindest, lässt sie nicht zu oder stellst sie stark infrage.
- »Ich habe keinen schönen Körper«: Du bist ständig auf Diät und versuchst, deinen Körper zu optimieren, oder du vernachlässigst deinen Körper stark.
- »Ich bin unterlegen«: Du fühlst dich schnell gekränkt und reagierst in Konflikten mit Wut und Aggression oder du bist sehr obrigkeitshörig.
- »Ich muss helfen, um geliebt zu werden«: Du fühlst dich wertvoll, wenn du helfen kannst. Du bindest dich an Menschen, die hilfsbedürftig sind.

- »Ich muss mich anpassen«: Du lehnst dich an andere Menschen an, traust dich nicht, deinen eigenen Weg zu gehen, und suchst immer Bestätigung.
- »Ich darf niemandem vertrauen«: Du willst stets die Oberhand behalten und beharrst oft auf deinem Recht.
- »Ich muss stets alles im Griff haben«: Du versuchst, alles und jeden zu kontrollieren, damit du dich sicher fühlst.

Hinterfrage deine Glaubenssätze

Wenn du deine Glaubenssätze identifiziert hast, ist ein wichtiger Schritt geschafft. Und dann geht es weiter. Schreib dir jeden einzelnen auf und hinterfrage ihn!
Frage also: Ist das, was ich denke, wirklich wahr? Was spricht alles dagegen? Wenn du beispielsweise denkst, dass andere Menschen dir nichts Gutes wollen, dann fragst du dich, ob dieser Gedanke wirklich der Realität entspricht, und überlegst, in welchen Situationen das nicht der Fall war. Vielleicht erkennst du, dass andere Menschen dir schon sehr oft weitergeholfen haben oder dir wohlwollend begegnet sind. Möglicherweise wird dir auch bewusst, dass es deine Eltern waren, die diese Haltung gegenüber Fremden hatten, und du sie einfach nur übernommen hast.
Wenn du zu dieser Feststellung kommst, ersetzt du den alten Gedanken »Andere wollen mir schaden« durch genau diese Erkenntnis: »Andere Menschen haben mir schon sehr oft geholfen.« Jedes Mal, wenn der alte Glaubenssatz in dir hochkommt, du einem anderen Menschen sehr kritisch begegnest und dein innerer Kritiker laut schreit, dass du niemandem vertrauen solltest, entgegnest du ihm genau das: »Andere Menschen haben mir schon sehr oft geholfen.«

Gern kannst du auch mein kostenloses Workbook zum Thema unter dem folgenden QR-Code herunterladen. Dort findest du konkrete weitergehende Fragen, die dich zu deinen Glaubenssätzen führen und dir helfen, sie noch besser zu identifizieren.

KONKRETE BEISPIELE: WIE SABOTIERST DU DICH?

Du weißt mittlerweile: Dein selbstsabotierendes Verhalten hängt eng mit deinen Glaubenssätzen zusammen, weil es im Grunde die Schutzstrategien sind, die zu dem ungünstigen Verhalten führen. Im Folgenden findest du einige Beispiele für selbstsabotierendes Verhalten in bestimmten Lebensbereichen. Geh auch diese Listen durch und kreuze an, was auf dich zutrifft.

Denk zuvor noch mal an die Definition der Selbstsabotage zurück. Überall dort, wo du Unzufriedenheit spürst oder wo etwas gerade schiefläuft in deinem Leben, darfst du genauer hinsehen, ob und inwiefern du selbst dafür verantwortlich bist. Manchmal bedeutet Selbstsabotage, unzufrieden zu sein und gleichzeitig überhaupt nicht zu wissen, was die eigenen Bedürfnisse, Werte, Wünsche und Ziele im Leben sind. Dann ist es die Unzufriedenheit, die dich darauf hinweist, mal genauer hinzusehen und diese Dinge konkret zu definieren. Schau dir daher an: Wo steht das, was ich eigentlich will und brauche, im Gegensatz zu meinem tatsächlichen Denken und Verhalten? Worin unterscheiden sich mein tatsächliches Leben und mein Wunschleben? Die folgenden Listen helfen dir, hier Klarheit für dich zu finden.

SELBSTSABOTAGE IN BEZIEHUNGEN

Wenn du dir liebevolle, harmonische, konfliktarme und innige Beziehungen auf Augenhöhe wünschst und gleichzeitig die folgenden Dinge auf dich zutreffen, bewirkt dein eigenes Verhalten genau das Gegenteil von dem, was du eigentlich möchtest.

- ☐ Du versuchst, deinen Partner und andere Menschen zu kontrollieren und zu verändern.
- ☐ Du beendest bei Konflikten Beziehungen und Freundschaften zügig.
- ☐ Du hast zu hohe Erwartungen an die Menschen in deinem Umfeld.
- ☐ Konflikten begegnest du mit Schweigen, um deinen Gegenpart zu bestrafen.
- ☐ Du zettelst Streit an, sobald es harmonisch wird.
- ☐ Du kommst ausschließlich mit Menschen gut klar, die mit dir übereinstimmen.
- ☐ Du siehst den Fehler / die Schuld meist bei deinen Mitmenschen und äußeren Umständen.
- ☐ Du fühlst dich oft im Recht und wunderst dich häufig über das Unverständnis der anderen.
- ☐ Du kannst schlecht Nein sagen und wünschst dir dennoch, dass andere deine Grenzen wahren.
- ☐ Du stellst dich selbst hinten an und ärgerst dich, dass andere dich nicht genug wertschätzen.
- ☐ Deine Meinung hängt oft von der deines Gegenübers ab.
- ☐ Du machst alles mit dir selbst aus und kehrst deinen Ärger unter den Teppich.
- ☐ In Konfliktsituationen ist deine Strategie Flucht und Rückzug statt Kommunikation.
- ☐ Du übernimmst ungefragt Verantwortung für andere Menschen.

- ☐ Du gehst oft von Dingen aus, die so nie wirklich kommuniziert wurden, sondern die du selbst geschlussfolgert hast.
- ☐ Du machst dir übermäßig viele Gedanken darüber, was andere über dich denken könnten.
- ☐ Du vermeidest soziale Situationen und ziehst dich von anderen Menschen zurück.
- ☐ Du versuchst, dich so zu verhalten, wie es von dir erwartet wird, auch wenn es dem, was du willst, entgegensteht.
- ☐ Du nimmst Dinge, die andere tun und sagen, oft persönlich.

SELBSTSABOTIERENDE VERHALTENSWEISEN IM BERUF

Du hättest gern einen Beruf, der dich erfüllt, Spaß bei der Arbeit und würdest gern auf der Karriereleiter hochklettern. Doch du tust zeitgleich Folgendes:

- ☐ Du arbeitest unter deinem Potenzial, um keine Verantwortung übernehmen zu müssen.
- ☐ Du kommst chronisch zu spät.
- ☐ Du willst alles zu 100 Prozent perfekt machen und hängst dich an kleinen Aufgaben auf.
- ☐ Du bewegst dich ausschließlich innerhalb deiner Komfortzone und lehnst neue Aufgaben eher ab.
- ☐ Du bist total unzufrieden und unglücklich mit deinem Job, behältst ihn aber dennoch.
- ☐ Du ärgerst dich über Kollegen oder Chef und behältst es für dich.
- ☐ Du tust so, als ob du Dinge nicht wüsstest, obwohl du sie weißt.
- ☐ Du hast viele Ideen, die die Firma weiterbringen würden, sprichst sie aber nicht aus.

- ☐ Du wählst stets die einfache Option, egal, worum es geht.
- ☐ Du gibst dir keine Mühe, obwohl du könntest.
- ☐ Du ersehnst bereits kurz nach Arbeitsbeginn den Feierabend.
- ☐ Deine Gespräche mit Kollegen sind überwiegend negativ, ihr zieht über die Arbeit selbst oder andere Kollegen her.
- ☐ Kritik nimmst du persönlich und kannst nicht damit umgehen.
- ☐ Du schiebst wichtige Aufgaben vor dir her.
- ☐ Wenn dich Aufgaben überfordern, überspielst du das und suchst keine Unterstützung.
- ☐ Du leidest am Imposter-Syndrom und hast stets das Gefühl, eigentlich nicht kompetent zu sein.

Betrachte jedes Häkchen, das du setzen kannst, als Gewinn. Jede (Selbst-)Erkenntnis führt dich einen Schritt näher zu dir hin und ist der Beginn vom Ende deiner Selbstsabotage. Dies wird dich zu noch mehr wertvollen neuen Erkenntnissen führen und ist letztlich ein Schritt in Richtung eines zufriedeneren und glücklicheren Lebens für dich.

SELBSTSABOTIERENDE VERHALTENSWEISEN IM RAHMEN DEINER GESUNDHEIT

Gesundheit ist ein dir wichtiger Wert und du wärst gern fit, sportlich und jemand, der insgesamt auf seine Gesundheit achtet. Du tust aber zeitgleich das:

- ☐ Du verbietest dir Dinge, die dir eigentlich guttun würden.
- ☐ Du führst einen ungesunden Lebensstil, spürst es körperlich und bleibst dennoch dabei.

- ☐ Du spürst, dass du eine Pause brauchst, nimmst sie dir aber nicht.
- ☐ Dein Umfeld belastet dich stark, du änderst aber nichts daran.
- ☐ Du treibst deinen Körper permanent und ohne Pausen zu Höchstleistungen an.
- ☐ Du achtest nicht auf deinen Körper und deine Gesundheit.
- ☐ Du schläfst nicht ausreichend.
- ☐ Du erlebst ein nächtliches Gedankenkarussell, grübelst über alles Mögliche und leidest dadurch an Schlafmangel, unternimmst aber nichts dagegen.
- ☐ Dein Körper gibt dir deutliche Anzeichen, dass du zum Beispiel zu viel Zucker konsumierst, und du isst dennoch weiterhin Unmengen an Süßkram.
- ☐ Du bist krank, müsstest eigentlich zum Arzt oder ins Bett und ignorierst es.
- ☐ Du trainierst oder bewegst deinen Körper kaum.
- ☐ Du isst sehr wenig bis nichts.
- ☐ Du verhältst dich selbstzerstörerisch (zum Beispiel mit Glücksspielen, Selbstverletzung, Alkoholkonsum, Drogenmissbrauch).
- ☐ Du isst aus emotionalen Gründen.
- ☐ Signale deines Körpers, wie kleinere Wehwehchen oder Schmerzen, ignorierst du.

MENTALE GESUNDHEIT

Du möchtest, dass es dir im Leben insgesamt gut geht, dass du dich wohlfühlst und glücklich bist – tust aber Folgendes:

- ☐ Du setzt dir Ziele, tust aber nichts, um sie zu erreichen.
- ☐ Du vermeidest jegliche Art von Veränderung und weigerst dich, Neues auszuprobieren.

- ☐ Du hältst an schlechten Gewohnheiten fest.
- ☐ Du schiebst alles auf, bis es nicht mehr geht oder es sich von selbst erledigt (Prokrastination).
- ☐ Du nimmst dir Dinge vor, die du dann nicht umsetzt.
- ☐ Du bist perfektionistisch und zwingst dich, alles zu 100 Prozent korrekt zu machen.
- ☐ Du bist extrem selbstkritisch und führst negative Selbstgespräche.
- ☐ Du grübelst noch lange Zeit, nachdem eine Situation vorbei ist, über sie nach.
- ☐ Du kaufst aus emotionalen Gründen immer wieder Dinge ein, die du eigentlich nicht brauchst.
- ☐ Du stellst dir ständig vor, was alles schiefgehen kann (Katastrophisieren).
- ☐ Für dich gibt es nur Schwarz oder Weiß, Graustufen erkennst du nicht an.
- ☐ Du siehst immer nur das, was du nicht kannst, was du nicht gut gemacht hast, was negativ ist.
- ☐ Du befasst dich kaum bis nie mit deinen Gefühlen und dir selbst.
- ☐ Du unterdrückst und verheimlichst deine Gefühle.
- ☐ Du meidest das Alleinsein und bist stets im Außen.
- ☐ Du vergleichst dich überdurchschnittlich oft mit anderen Menschen.
- ☐ Du machst deinen Selbstwert abhängig von anderen Menschen und äußeren Umständen.
- ☐ Du kennst und/oder kommunizierst deine Grenzen nicht.
- ☐ Du sagst nie deine Meinung und passt sie dem jeweiligen Gegenüber an.
- ☐ Du versuchst, immer zu funktionieren.
- ☐ Du glaubst nicht an dich selbst.

VERÄNDERN STATT STOPPEN

Wenn du deine Glaubenssätze, Schutzstrategien und selbstsabotierenden Verhaltensweisen identifiziert hast, bist du einen riesigen Schritt weitergekommen. Nun kannst du beginnen, dein Leben vollkommen zu verwandeln.
Am besten ersetzt du all die destruktiven Gedanken und Handlungen durch neue, positive. Liste all deine Erkenntnisse auf und überlege, welche dir dienlichen Gedanken und Handlungen du stattdessen integrieren kannst. Und dann lebe danach.

Es ist ein Prozess. Schritt für Schritt befreist du dich mit den hier gezeigten Möglichkeiten von der Selbstsabotage. Du wirst freier, zufriedener und erfüllter.

SCHLUSSWORT: GLÜCKLICHSEIN IST EINE ENTSCHEIDUNG

Was auch immer du für selbstsabotierende Verhaltens- und Denkweisen, Glaubenssätze, Schutzstrategien und Probleme in deinem Leben haben magst: Du bist liebenswert und wertvoll! Dafür musst du nichts sein, nichts können und auch nichts tun. Einfach, weil du existierst, bist du liebenswert und wertvoll. Es ist an keine Bedingung geknüpft. Äußere Umstände und andere Menschen haben viele von uns glauben lassen, unser Wert als Mensch sei an Bedingungen geknüpft. Das ist er aber nicht und das war er auch nie. Jede und jeder Einzelne von uns kam vollkommen perfekt auf diese Welt. Doch Erlebnisse aus unserer Vergangenheit haben sich wie eine Staubschicht auf unser perfektes Ich gelegt. Diese Schicht verhindert bei vielen von uns die Sicht auf unseren wundervollen Kern. Er ist nach wie vor da und genau so vollkommen, wie er schon immer gewesen ist. Du musst dich nicht optimieren, jemand anderes oder Besseres werden, du musst zurück. Zurück zu dem, was du sowieso schon immer gewesen bist und was du nur aufgrund der Umstände vergessen hast.

Ich wünsche mir, dass jeder Mensch, der dieses Buch in den Händen hält – also auch du –, das erkennt und beginnt, diese Staubschicht Stück für Stück abzutragen und wieder das zu sehen und zu finden, was schon immer da gewesen ist: ein perfektes, wahres Ich. Sei dir immer bewusst, dass jeder Zweifel, den du an dir selbst hast, in den Umständen begründet liegt. Du bist wunderbar und das, was dich konkurrenzlos von allen anderen Menschen abhebt, ist deine Einzigartigkeit. Traue dich, sie zu leben, verstecke sie nicht. Traue dich, zu sein, wer du wirklich bist, denn dafür bist du hier auf dieser Erde. Wenn du dich aufgrund der Gegebenheiten so weit von dir selbst entfernt hast, dass du heute das Gefühl hast, nicht zu wissen, wer du bist, dann mach dich auf die Reise. Auf die Reise in deine innere Welt.

Tauche ein in die Parallelwelt in deinem Inneren und finde heraus, was sich dort befindet. Tue es für dich, für ein zufriedeneres und glücklicheres Leben, denn das ist der Schlüssel.
Geh los! Geh und erschaffe das beste Leben, das du dir vorstellen kannst. Nutze all das hier gewonnene Wissen zu deinen Gunsten. Du kannst das und du schaffst das, das weiß ich. Denn jeder neue Tag bietet dir die Chance, zu entscheiden, neu zu entscheiden, anders zu entscheiden, in deinem Sinne zu entscheiden. Nutze sie und tue es!
Ich lade dich an dieser Stelle dazu ein, hier und jetzt eine bewusste Entscheidung zu treffen. Die Entscheidung, dein Leben selbst in die Hand zu nehmen und es bewusst zu gestalten! Nutze hierzu auch folgenden QR-Code. Er führt dich zur Meditation »Auf in ein bewusstes Leben«.

EPILOG

Wir stiegen aus dem Flugzeug und plötzlich verstand uns keiner mehr. Ich hatte Angst. Meine Geschwister, ein und zwei Jahre alt, lagen im Kinderwagen und meine Mutter war sichtlich überfordert. Im Flugzeug hatten uns die sehr freundlichen Stewardessen geholfen, hatten das Wickeln und Füttern übernommen, weil die junge Frau mit den zwei Babys und dem Kleinkind Mühe hatte, die Bedürfnisse aller drei Kinder allein zu händeln. Jetzt, wo wir gelandet waren, war sie wieder auf sich gestellt.

Wir zogen in ein kleines Dorf im Schwarzwald und mich begleitete seither stets das Gefühl, mich anpassen zu müssen, dankbar sein zu müssen, wiedergutmachen zu müssen, was geschehen war. Dafür gab ich mein Bestes.

Als ich Jahrzehnte später mental am Tiefpunkt meines Lebens war und die Zusammenhänge erkannte, wünschte ich mir oft, jemand hätte Zugang zu meinen Gedanken als Kind gehabt und den Glaubenssatz »Ich bin nicht gut genug«, der damals in mir entstand, verhindert. Vielleicht wäre mein Leben dann anders verlaufen. Ich dachte oft: Ich wünschte, jemand hätte gewusst, welche Gedanken sich in mir breitmachen. Ich wünschte, ich hätte sie mitgeteilt, denn dann hätte dieser Jemand mir sagen können,

- dass das alles nicht meine Schuld war,
- dass es okay ist, dass ich anders bin und anders aussehe,
- dass ich Bedürfnisse haben und äußern darf,
- dass ich nie allen gefallen werde, egal, was ich tue,
- dass mein Wert an keine Bedingung geknüpft ist.

Heute weiß ich, warum es so sein musste und mir niemand all das sagen sollte. Damit ich es heute dir sagen kann! Damit ich dieses tiefe Bedürfnis entwickle, es in die Welt hinauszutragen und jedem zu sagen, der mir begegnet. Damit genau das irgendwann zu meinem Beruf, zu meiner Berufung wird und ich mein authentisches wahres Ich dadurch leben kann.

Heute kann ich ein Stück weit der Mensch für dich sein,
den es für mich damals nicht geben konnte.
Genau das macht mich sehr dankbar.

Heute bin ich dankbar für meine Vergangenheit, denn ohne sie wäre ich jetzt nicht hier. Ich habe meinen Sinn gefunden, bin mir selbst nahe gekommen, Leichtigkeit ist in mein Leben eingezogen und ich bin einfach nur noch die, die ich eben bin. Ich habe erkannt, dass es mich niemals zu Zufriedenheit und einem glücklichen Leben führen wird, mich anzupassen und es allen anderen recht machen zu wollen. Dass es der einzige Weg zu Zufriedenheit und einem glücklichen Leben ist, mein wahres, authentisches Ich zu leben. Meiner Intuition und meinem Herzen zu folgen und einfach zu sein, wozu ich bestimmt bin: ich selbst!

Ich nutze die Fähigkeiten, die mir angeboren sind, für mich und für andere, ich lebe meine Stärken aus, akzeptiere meine Schwächen, versuche nicht mehr, jemand zu sein, der ich nun mal nicht bin, nehme mich an und vertraue in mich und das Leben. Ich bin zufrieden und glücklich nach meiner eigenen Definition und ich weiß, dass jeder, der denselben Weg beschreitet, das irgendwann auch von sich behaupten kann. Und ich wünsche es mir von Herzen für dich!

Das ist es, was mich antreibt: du! Sobald du offen bist für all die Inhalte dieses Buches und für alles, was deine innere Welt und deine Psyche angeht, schaffst du es. Gib dir selbst und deinem Leben die Aufmerksamkeit und Priorität, die du verdient hast. Nimm dir die Zeit, dich mit dir selbst zu befassen, je mehr, desto besser.

Jede Sekunde, jeder Cent und jeder Funken Energie, die du in die innere Arbeit investierst, ist unfassbar wertvoll – vielleicht für niemand anderen, aber für dich selbst.

Du hast bereits damit begonnen, denn sonst würdest du dieses Buch nicht in der Hand halten, und darauf kannst du unfassbar stolz sein. Mach weiter so, achte und wertschätze dich selbst. Finde dein wahres Ich, lebe es bedingungslos authentisch und alles andere wird sich fügen. Was sich dann nicht fügt, gehört eben nicht zu dir.
Wenn du identifizierst, an welchen Stellen du entgegen deinen wahren Bedürfnissen, Wünschen und Zielen denkst, lebst und dich verhältst, kannst du diese Dinge ändern. Wenn du deine Selbstsabotage abschüttelst, wird dich das zu dem Leben führen, das du verdienst. Denn du bist wertvoll und du bist es wert, geliebt zu werden!

Deine Lamiya

DANKBAR

Für die Frau, deren Wille, ihren Kindern ein besseres Leben zu ermöglichen, so groß war, dass sie allein mit drei Kleinkindern in ein fernes, wildfremdes Land floh. Danke, Mama, für diese Entscheidung, für unser Leben und alles, was du für uns geleistet hast. Du bist großartig!

Für meine wundervollen Kinder, dass ich durch sie die Erfahrung des Mutterseins und die Bedeutung der reinsten und intensivsten Liebe machen darf.

Für meinen Ehemann und seine stets liebevolle Unterstützung bei allem, was ich tue.

Für all meine Geschwister, für ihre stetige Präsenz in meinem Leben und ihr Sein.

Für dich und alle Menschen, deren Herzen ich berühren und die ich durch meine Arbeit ein Stück auf ihrem Lebensweg begleiten darf. Ihr seid wundervoll und ich freue mich sehr, dass es euch gibt. Ihr bereichert mein Leben.

Für alle, die an der Entstehung dieses Buches mitgewirkt haben!

Danke, liebes Leben, dass ich dich leben darf!

DEINE REISE IST NICHT ZU ENDE

Dieses Buch ist hier zu Ende, doch du selbst bist das größte Buch, das jemals war und jemals sein wird. Hör nicht auf, dich mit dir selbst und deiner Innenwelt zu befassen. Wie der große Psychiater Carl Gustav Jung sagte, wird deine Wahrnehmung dann immer klarer, wenn du mutig genug bist, in deine Seele zu schauen.

LERNE MICH UND MEINE ARBEIT NÄHER KENNEN

Nichts geschieht ohne Grund im Leben und auch du hältst nicht ohne Grund genau dieses Buch in deinen Händen und hast es bis zum Ende gelesen. Gern würde ich dich kennenlernen und dich weiter auf deiner Reise begleiten. Wenn dir das Buch geholfen hat, dich die Inhalte noch näher interessieren und du aktiv an deiner Zufriedenheit im Leben arbeiten möchtest, habe ich etwas für dich vorbereitet.

Scanne den folgenden Code, er führt dich direkt zu mir. Ich freue mich auf dich. Bis gleich ☺

LIEBE LESERINNEN UND LESER,

wir wollen Ihnen mit diesem Buch Informationen und Anregungen geben, um Ihnen das Leben zu erleichtern oder Sie zu inspirieren, Neues auszuprobieren. Wir achten bei der Erstellung unserer Bücher auf Aktualität und stellen höchste Ansprüche an Inhalt und Gestaltung. Alle Anleitungen und Rezepte werden von unseren Autoren, jeweils Experten auf ihren Gebieten, gewissenhaft erstellt und von unseren Redakteur*innen mit größter Sorgfalt ausgewählt und geprüft.

Haben wir Ihre Erwartungen erfüllt? Sind Sie mit diesem Buch und seinen Inhalten zufrieden? Wir freuen uns auf Ihre Rückmeldung. Und wir freuen uns, wenn Sie diesen Titel weiterempfehlen, in Ihrem Freundeskreis oder bei Ihrem Online-Kauf.

Sollten wir Ihre Erwartungen so gar nicht erfüllt haben, tauschen wir Ihnen Ihr Buch jederzeit gegen ein gleichwertiges zum gleichen oder ähnlichen Thema um.

KONTAKT ZUM LESERSERVICE

GRÄFE UND UNZER VERLAG
Grillparzerstraße 12
81675 München
www.gu.de

Ein Unternehmen der
GANSKE VERLAGSGRUPPE

IMPRESSUM

ISBN 978-3-8338-9302-5

1. Auflage 2024

Projektleitung: Viola Schmid
Lektorat: Diane Zilliges
Bildredaktion:
Simone Hoffmann,
Nele Schneidewind
Cover: GU/Adrian Schätz
Herstellung: Markus Plötz
Satz: Uhl + Massopust, Aalen
Reproduktion:
LUDWIG:media,
Zell am See
Druck und Bindung:
Livonia, Riga

Umwelthinweis

Nachhaltigkeit ist uns sehr wichtig. Der Rohstoff Papier ist in der Buchproduktion hierfür von entscheidender Bedeutung. Daher ist dieses Buch auf PEFC-zertifiziertem Papier gedruckt. PEFC garantiert, dass ökologische, soziale und ökonomische Aspekte in der Verarbeitungskette unabhängig überwacht werden und lückenlos nachvollziehbar sind.

Bildnachweis

Illustrationen:
GU/Fabia Matveev/
Kombinatrotweiss
Autorinnenfoto:
Richard Wesner
Syndication: Bildagentur Image Professionals GmbH,
Tumblingerstr. 32,
80337 München
www.imageprofessionals.com

Wichtiger Hinweis

Die Gedanken, Methoden und Anregungen in diesem Buch stellen die Meinung bzw. Erfahrung der Verfasserin dar. Sie wurden von der Autorin nach bestem Wissen erstellt und mit größtmöglicher Sorgfalt geprüft. Sie bieten jedoch keinen Ersatz für persönlichen kompetenten medizinischen Rat. Jede Leserin, jeder Leser ist für das eigene Tun und Lassen auch weiterhin selbst verantwortlich. Weder Autorin noch Verlag können für eventuelle Nachteile oder Schäden, die aus den im Buch gegebenen praktischen Hinweisen resultieren, eine Haftung übernehmen.